老後の誤算
日本とドイツ

川口マーン惠美

草思社

まえがき――快適な老後を求めると若者が苦しむ

20年以上も前、「いつの日か、日本とドイツを半々で行ったり来たりの生活をしたい」と書いたことがある。当時は遥かな夢を語っていたつもりだったが、光陰矢の如し。ここ2、3年、めでたく、ほぼそういう生活となった。

しかし、思いがけない罠があった。自分が年をとるということを計算に入れていなかったのだ。だから、ようやく夢はかなったものの、どうも、昔、思い描いたように軽快にはいかない。頻繁な飛行機での移動はくたびれる。おのずと、いつかこれができなくなったとき、では、どちらを終《つい》の住処《すみか》にするかという問題が頭を掠《かす》める。

私の場合、家族がドイツにいるし、やはりドイツを終の住処にすることが正しいと、普通なら考える。私だって、他人様のことならそう思うし、若いときは、実際、そう思ってもいた。

しかし、いざ、そのときが近づいてくると、それほど簡単にはいかない。かつては、「世界のどこに住んでも私は私！」と勇ましかったが、最近は自分が日本人だという意識ばかりが年々増してくる。人間というのは、ある時点から、先祖返りするものらしい。人生には誤算がつきものとはいえ、これは最大級の誤算だった。

そんな折、「ドイツと日本、老後はどっちが快適か？」というようなテーマで、日独比較をやってみないかという話をいただいた。「よし！」と乗ったはいいものの、調べ始めたら、すぐに壁に突き当たった。

高齢化は日本だけが苦しむ問題ではなく、いまや先進国共通の悩みだ。世界銀行のデータによれば、高齢化率（65歳以上の人の比率）の世界第1位が日本で27・5％、ドイツは第4位で21・7％（2018年推定値）。両国はまさに似たような問題を抱えている。ただ、当然のことながら、日本であろうが、ドイツであろうが、老後を快適にしようなどと目論《もくろ》むと、間違いなく次世代への負担が増える。これは、本書の重要テーマの一つでもあるが、高齢化と少子化は究極の相乗効果を発揮しつつ、どんどん国富を蝕《むしば》んでいる。そして、一番その割りを食うのが若年層。それは正視するのが恐ろしいほどだ。

高齢化によって国がどのくらいの困難に見舞われるかを測る指標として、「現役世代何人で、高齢者1人を支えるか」という数値がある。よく使われるのが、15〜64歳を現役世代として、その人数を65歳以上の高齢者の人数で割った数値だ。2015年の日本では、現役世代2・3人で1人の高齢者を支えていた。それが2030年には1・9人、2050年には1・4人になると推定されている。ドイツでは、この数値はそれぞれ3・1、2・2、1・8だ（労働政策研究・研修機構のデータより）。これを見ただけでも、すでに日独両国の将来設計が危うくなりかけていることはわかる。

さらに言うなら、ドイツや日本では、15歳の子供はまだ学校に通っている。だから、高齢者を支える側には入らないわけで、実際に何人の労働者が1人の高齢者を支えなければならないかという数字になると、状況はさらに厳しい。

そのうえ日本は、「失われた20年」の呪いからまだ立ち直れていない。ドイツだって、今は景気がいいけれど、2015年に大量に流入した難民の影響が、この先、国家経済にとって吉と出るか、凶と出るかは、まだ予想もつかない。いずれにしても、この状態で、産業にブレーキをかけず、社会保障や福祉をつつがなく運営するのは至難の技だ。どう罷り間違っても、「どちらが快適か？」などと言っている場合ではない。

だが、ではどうすればいいのか？　それを考えるとき、ひょっとすると、日独比較は、結構役に立つかもしれない。両国の介護や医療はベストな着地点を求めて蛇行し、今も試行錯誤している。その経過を観察すれば、ドイツの長所も見えてくるし、日本特有の問題も浮かび上がるだろう。また、ドイツの失敗に学べるならば、それもありがたい。

ドイツと日本とで、大きく差が出ていることの一つに医療関係者の数がある。ドイツでは人口1000人あたりの医者の数は4・2人だが、日本は1000人あたり2・4人で、ドイツの6割以下という少なさだ。日本の医療関係者には、すでに相当の負荷がかかっている。近い将来、急激に増えていくであろう高齢者の疾病に対応できるだろうか。

また、老後の備えにも差が目立つ。高齢化・少子化で年金が目減りし始めたのは両国に共通の現象だが、ドイツは日本と違って、老後のための貯蓄が乏しい。これまで年金額が充実していたことがかえって仇《あだ》になっている。しかも、老人ホームは高く、また、日本のように特養（特別養護老人ホーム）という万人のための施設もない。だから、最近、にわかに高齢者の貧困までが問題化しつつある。かといって、日本のように、高齢者のところにお金が溜まり過ぎているのも考えもの。これは、相当、景気の足を引っ張っているのではないか。

両国を比較する意義は、まだある。日本での「当たり前」が、実は、当たり前ではないということに気づく。今回、日独で比べた結果をいうなら、日本の方がドイツよりも恵まれていると感じることは多かった。とくに、医療のコストパフォーマンスが良い。なのに高齢者も高齢者予備軍も、自分たちが恵まれていることにも、そのしわ寄せが医療従事者や介護の現場にかぶさっていることにも、あまり気づいていない。中でも、一番の被害を受けることになるのが、それを経済的に支えることになる現在の若者だ。ただ、これらのアンバランスを完全に手遅れにならないうちに是正しようとするなら、それができるのは彼らではない。私たち「高齢者予備軍」が、まだ、からくも冷静な頭脳を使い、自分のことではなく、未来の社会のこととして考えていく必要がある。

老後について思い描く光景は千差万別だ。ドイツで満点なイメージは、収穫した麦が一杯に詰まった納屋だそうだ。乾いた麦の匂いには、人生の思い出が凝縮されている。夏の太陽に焼かれながら働いた日々。刈り入れの目前、嵐に心を痛めたこと、凍《い》てついた手。そして、収穫の感激。しかし今はすべてが過ぎ去り、時が静かに流れていく……。何とも満ち足りたイメージだ。これを日本に置き換えるなら、田んぼに干してある稲穂の列が、秋の夕日に照らされて黄金に輝く風景だろうか？

しかし、収穫がたわわにあるのはいいとしても、私にはいずれもあまり理想的だとは思えない。「では、裸になった田んぼや畑はどうなるの？」と考えてしまう。再生産のための栄養さえなくなってしまった土壌から、次の豊かな収穫は期待できない。

２０１５年、東京で、年金の支給額の減ったことを憲法違反だとして訴えた人たちがいた。その気持はもちろんわからないわけではないが、でも、やはり自分勝手のような気がする。日本もドイツも、将来の世代は生き延びられるのだろうか？

私のドイツでの生活は、今年で36年を突破した。老人ホームはドイツでも日本でも見てきたし、実は、娘の一人は、介護士の資格（日本でいう看護師と介護士を合わせた資格）を持っている。実習は、シュトゥットガルト、神奈川県、そしてハンブルクの病院で行った。資格を取ってからは看護師としてハンブルクとロンドンの病院で働いていたが、今はそれを辞め、あるドイツのNGOで、医療保険制度からこぼれ落ちてしまっている人たちの救済に携わっている。なぜ、病院勤務を辞めたかという理由は、追い追い本書で触れていくことになるであろうドイツの病院の抱える問題と、ぴったりと重なる。

結局、本書の中身は、「快適な老後」ではなく、以上に挙げた諸々の社会的問題、そして、構造改革や思考の転換についての提案が最優先となった。早く手を打たなくては、次世代にこの豊かさを引き継ぐことができないという私の焦りを、できることなら、一人でも多くの人と共有したい。そうすれば、深刻な状況の中にも、一条の光を見出すことができるのではないかという仄《ほの》かな期待を、今、私は抱いている。

老後の誤算　日本とドイツ

目次

第7章

認知症を受け入れつつあきらめない

第8章
日独の介護士不足はどれほど深刻か 146

第9章
介護と医療の待遇・職場環境改善闘争 164

図版トレース　広田正康／本文デザイン　Malpu Design（宮崎萌美）

序 父と母と老人ホームと私

ある日突然、父はまったく立てなくなった

老人ホームとのお付き合いはすでに長い。両親は、東京の郊外に居を構えていたため、父はまだ元気だった頃、週に数日、近所の老人ホーム、S園に併設されているデイサービスに通っていた。S園は温かい雰囲気のホームだった。のちに父と母が自立できなくなり、弟と私が窮地に陥ったとき、何度も親身になって助けてくれた施設でもある。

当時、S園のデイサービスに行かないときの父は、自分の部屋で本を読んでいるか、何か書き物をしているか、音楽を聴いているか、あるいは、晩年になってからは、単に寝ていることも多かった。一方、父よりだいぶ若い母は、毎日、自分で車を運転して近所のスーパーに買い物にでかけ、バタバタと家事に勤しみ、あとはテレビを見て、趣味の洋裁などをしていた。今思えば、夫婦仲むつまじくとは言わないまでも、平和な老後の生活だった。

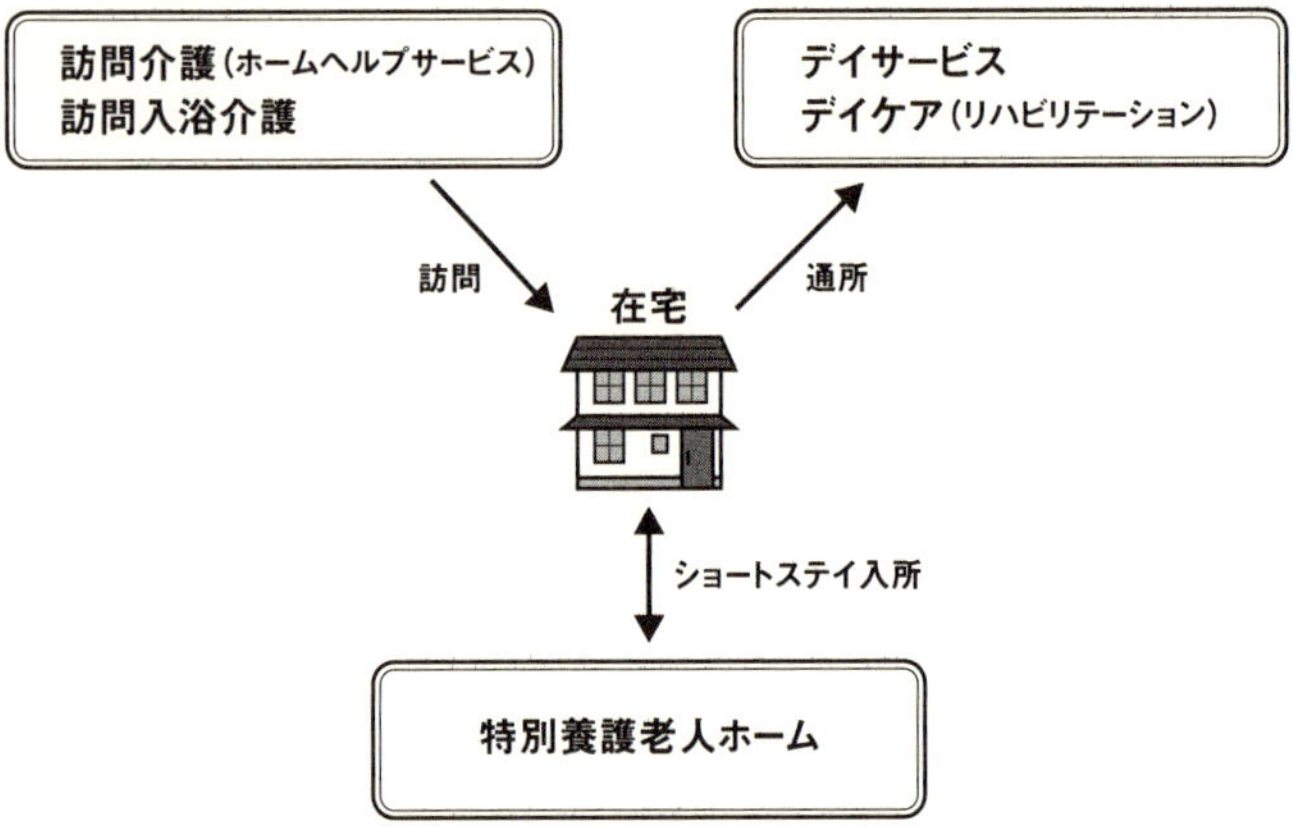

要介護高齢者のための各種介護サービス　在宅で過ごす場合に、介護保険によって利用できるサービス。訪問介護は、入浴や排泄、食事などの介護のほか、掃除や洗濯などの家事、生活の相談などを、介護福祉士や、一定の研修を修了した訪問介護員（ホームヘルパー）が訪れて行うもの。デイケア・デイサービスは日帰りで介護施設に通って介護サービスや、リハビリを受けるもの。ショートステイは数日から数週間、介護施設に入所し、介護やリハビリなどを受けるもの。デイサービスやショートステイは、介護を担う家族の負担軽減のためにも利用される。

それが、ある日、にわかに変わった。２０１３年1月の終わり、88歳の父が下痢や嘔吐の症状で、夜中に救急病院に運ばれたという知らせが、ドイツにいた私の元に入った。それは幸いにもたいしたことはなく、6日後には退院できたのだが、困ったことに、そのたった6日で父は足が弱った。入院前は杖を突いてよちよち歩いていたのに、まったく立てなくなってしまったのだ。

つまり、退院はしたものの、81歳の母の手には負えず、2階の自室にも上がれず、臨時の措置として、急遽、S園のショートステイに入れてもらった。これには本当に助かった。しかし、ずっと居ることはできないため、今後の対策を考えなくてはいけなくなり、2月初めに私があたふたと日本へ飛んだ。そのうち来ると思っていた介護の問題が、いよいよやって来たのであった。

日本に着いたその日からあちこち飛び回り、あるリハビリ病院に、一定期間ではあるが個室の空き部屋があることが分かり、運よく1週間後には引っ越すことができた。集中リハビリをしてくれるそうで、また歩けるようになれば自宅に連れて帰れる。父も、「こんなにきれいなところを、よく見つけたね」と言ってくれ、何よりも、私の短い滞在中に、一時的にせよ、困難を切り抜けられそうなことにホッとした。3月末にまた帰国するまで、しばらくここでおとなしくしていてほしいと願った。

職員の態度が気に入らず、父はハンストに突入

ところが今思えば、その翌日、私が訪ねなかったのが悪かった。ホッとしたのもつかの間、翌日の夜には施設から早くも連絡が入った。それによると、父はハンストをしていた。ご飯を食べないだけではなく、薬も飲まなければ、着替えもさせないという。

次の朝、泡を食って駆けつけてみると、何てことはない、父はけろりとした顔をしていた。

私が飛んで来たのが嬉しかったのかもしれないが、機嫌もすこぶる良かった。

「なぜ、ハンストなんてするの」と訊くと、「僕はマハトハ・ガンジーだ」と言って、ニヤリと笑った。いい加減にしてほしい！　父は若い頃から、ふざけたことばかり言う人だったが、このときは、さすがに笑えなかった。ため息をつきながら、「お昼ご飯は食べるでしょう」と言うと、父はあたかも心を入れ替えたような神妙な顔つきで、「食べる」と言った。

そのあと、ハンストの原因を尋ねた。父は最初のうちは、「そんな簡単には言えない」などと渋っていたが、気長に待っていると、話し始めた。「この施設は職員の態度が悪い」。

「どう悪いの？」

「男の職員に『オイオイ！』と声をかけたら、『そんな呼ばれ方はしたくない。お願いしますと言え』と怒った」

ふーむ。こんな年寄りの言うことに、本気で食ってかかるとは、新米の介護士だったのかもしれない。あるいは、介護士ではなく、理学療法士だった可能性もある。ただ、子供はうまくやれば教育できても、老人は絶対に教育できないというのが、私の確固たる持論だ。とはいえ、もちろん、この抗争を放置しておくわけにもいかない。

「パパ、確かに『オイオイ』はまずいわ。マンガに出てくるバカ社長みたいだからね。名前を呼べばいいのに」

「名前がわからん」。それも当然だ。私だって、人の名前なんて、すぐに忘れる。

「じゃあ、『すみません』って言えば?」

すると、父は「すみません?」とびっくりしたような顔をした。まるで、そんな言葉は初めて聞いたというような感じだった。なんだか埒が明かない。

「他の人と話したりはしないの?」と聞くと、

「しない」

「食事の時も?」

「しない」

「なぜ?」

「ここには高等教育を受けた人間がいない」

私は腰を抜かしそうになり、「どうしてそんなことがわかるの?」と訊いた。

すると父は、「話している内容を聞けばわかる」と決然と言った。

「わからないわよ。今の姿を見ただけでは……」と私。

そういう父だって、今や高等教育を受けた人には見えない。

ただ、それを聞いてふと、多くの老人は自分のことを棚に上げたまま、結構、他人のことをバカにしているのかもしれないと思った。皆、自分の年齢や能力を自覚していないし、昔の社会的地位からくるプライドは、少々呆けても消えないどころか、さらに高くなっているようにも見える。

私の友人のお父さんは、老人ホームに入ってから、世話をしてくれる介護士に盛んに、「君はどこの大学を出ている？」と聞くので、皆が困った。そこでホームに頼んで、その質問には、必ず、「東大です」と答えてもらうことにしたら、お父さんは機嫌よく介護されるようになったという。笑えない笑い話だ。

しかも、大概の老人は、呆けてしまったように見えて、呆けていない時もあるから、なおさらややこしい。デイサービスに通っていた頃の父は、クイズの時間など、若い職員が年寄りを子供扱いにしていると苦笑していたこともあった。

そういえば、のちに老人ホームに入った父とボランティアの人たちのコンサートを一緒に聴いていたときのこと。リーダーの女性がチェロを指し、「この楽器、何だか知っていますか？　バイオリンの親分のようですねえ。チェロという楽器ですよ」と言ったのだ。老人と幼稚園児を間違えている。

多くの老人は、身体の自由が効かなくなったり、滑らかに言葉が出てこなくなったり、物忘れが激しくなったり、また、感情が希薄になったりはしているが、決して知能が幼稚園児と同じになったわけではない。私の父は、若い頃からずっとコーラスをしていて、リタイアしたあともアマチュアのコーラス団で歌い、演奏会ではオーケストラと数々の共演をした。父だけではない。この世代の人たちの中には、私たちの世代よりもずっと多くのクラシックファンがいる。いくら何でも、「バイオリンの親分のような楽器」はないだろう。

さらにいえば、老人ホームでボランティアの人たちがコンサートをすると、たいてい懐かしの学校唱歌や童謡ばかりになるが、皆、本当にそんな歌ばかり聴きたいのだろうか。私がそのうち老人ホームに入ったら、「もみじ」や「ヤシの実」もいいけれど、やはり、「五番街のマリー」や「スカボローフェア」も演奏してほしいような気がする。

話が逸れたが、そんなわけで、前述の「リハビリ病院オイオイ事件」のときも、父が職員とぶつかりたくなる気持ちはわからないわけではなかった。しかし、実際問題としては困る。せっかく見つけた施設なのに、追い出されてしまったらどうすればいいのだ?

結局、それら諸々を憂慮しつつも、私はまたドイツに戻った。そして、父がもうマハトハ・ガンジーをやりませんように、介護士と喧嘩をしませんようにと祈りながら、目が覚めると真っ先に日本からのメールを確認する日々が続いた。

母による老老介護の破綻もまた、突然訪れた

当時のスケジュール帳を見返すと、父はこのリハビリ病院から4週間で家に帰っている。忘れてしまったが、ひょっとすると、4週間だけいられるという約束だったのかもしれない。しかし、家に戻ったとはいえ、父の足は、支えればようやく立てるという、かなり危うい状態だった。

自宅に介護用ベッドや、車椅子や、簡易用トイレが運び込まれた。父だけでなく、母も寝室を1階に移し、1階が居間兼、病室兼、寝室で、2階はもぬけの殻になった。この頃、母の認知症が進行していたが、一緒に住んでいなかった私たちは気づかなかった。

この老老介護も、しかし、長くは続かなかった。夏の初め、母がテーブルの上から落っこちて頭と背中に怪我をした。81歳の人がテーブルの上に上がっていたこと自体が異常だが、それは別の話だ。

母は、ご近所の人たちの助けで、救急車で病院に運ばれたが、軽症だったため、頭を6針縫って、その日のうちに帰宅した。ただ、帰宅しても、もう父の世話はできない。直ちにケアマネジャーさんの御尽力で、父はS園のショートステイに引き取られた。そして、今、考えれば、この日、父と母の老後の生活は終わったのだった。父はもう、二度と家に戻ってく

ることはなかった。私は、また慌てて日本に飛んだ。

この夏のことは忘れない。とりわけ暑い夏だった。母は、落っこちたときに打った背中の痛みがなかなか治らなかった。再度、整形外科に連れて行ったが、医者はレントゲンを見て、ヒビは入っていないと言った。だから私は、「なんだか大袈裟ね。きっとそのうち、自然とよくなるわよ」と思っていた。

しかし、それは間違っていた。背骨は損傷を受けていたのである。背中の痛い母が自宅に、歩けない父がS園にいた。そして、状況を正確に把握していない私が、ただ、あたふたとその間を駆けずり回り、忙しがっていた。

8月になり、私は中学のときの同窓生が集まるというので、大阪に行った。すると夜、母から電話がかかってきて、具合が悪いので病院に行きたいと言われた。「明日、東京に戻るから、明後日でもいいかなあ」と呑気なことを言っていたら、翌日、母の下半身が麻痺し始めた。今、思えば、あの大阪行きは私の一生の不覚だった。

数日後、私はなす術もなく、病院9階のカフェテリアの窓際に座って、眼下に広がる町をぼんやりと見ていた。母の手術は長引いていた。外は日が暮れても暑そうだった。そのうち、町に灯りが点り始め、私の周りには誰もいなくなった。シーンとしたカフェテリアで一人、私は手術の終わるのを待った。

手術は成功したものの、その数日後、母は不運にも感染症を引き起こし、再手術となった。どうにかそれも成功し、背中に金属の入った母は、1ヵ月ほどしてリハビリ病院に移った。その頃、私の、必死の老人ホーム探しが始まった。リハビリ病院の後の、母の居場所を見つけなければならない。父だって、いつまでもS園に居させてもらうわけにはいかなかった。

「親の面倒は誰が見るのか？」娘として考えること

この頃、バタバタしながらも、いつも思った。ひと昔前なら、私か、さもなければ弟のお嫁さんが仕事を辞め、この家へ入って、親を看たのだろうと。少しだけ年上の知り合いのことを思い浮かべると、そういう人は何人もいた。

30年ほど前、東京都の教員同士だった知り合いの夫婦の、夫の方の両親が動けなくなった。そこで、ちょうど職業人として脂がのりかかってきた頃だったのにもかかわらず、妻が仕事を辞め、夫の両親の介護のために、600キロも離れた夫の故郷へ単身移住した。東京の真ん中から、タヌキと鹿と、さらに熊まで出る雪深い寒村に移ったこともさることながら、彼女にとってのもう一つのカルチャーショックは人間だった。東京都の教員の世界というのは、おそらく当時の日本では男女平等が一番進んでいた場所だ。彼女はそこから、男尊女卑とさえ思えるほどの閉鎖的な土地へ行き、余所者《よそもの》のまま、夫の両親の介護をし続けた。それって何だろうと、今も思う。良心？　倫理観？　義務感？　夫への愛情？　夫が長男だったから？

どこか自分の精神に無理がかからないのか？　いや、ひょっとすると、その反対で、それをせずに東京で働き続けていたら、もっと心の負担が重かったのか？

しかし、私は知っていた。私は、この両親の家で、動けなくなった親の介護をすることはないと。そして、他の誰もそれをしない。

ただ、どんな事情があるにしても、自分のしていることが立派なことだとは感じられなかった。

私は自分の子供の頃を思った。若かった両親が、私たちの成長に夢を託しながら、一生懸命生きていた。あの頃彼らは、いずれ自分たちが年をとったら、自分たちの面倒を、子供たちの誰も見てくれなくなるなどとは、想像もしていなかったに違いない。そう思うと、気が滅入った。

老人ホームの人たちがいかに親切でも、そこでの生活は、当然、人間本来の姿ではない。だいたい、年寄りばかりが固まって住んでいること自体が不自然だ。しかし、大家族制度が崩壊してしまっている現在、誰が、自然な老後を過ごし、自然に逝けるのか？　それは多くの人々にとって、すでに不可能になってしまった。

そんなことを考えているうちに、私は、限りなく自分勝手だが、できることなら両親の頭が適度に呆けて、そういうことをちゃんと考えないでいてくれればと願った。そうでなくては、怒りやら疑問が湧いてきて、本人たちが可哀想だ！

空っぽになった実家では、誰もいない台所で、たくさんのものが詰まった冷蔵庫が稼働し続け、庭の雑草はすくすくと伸びていた。とにかく、これをどうにかしなければならない。そして、何よりも、老人ホーム探し。

結局、弟夫婦も私も、目の前の障害物を取り除くことに没頭せざるを得なかった。私としてみれば、良心やら孝行心は一時棚上げ、なるべく遠くに押しやったのである。

第1章

人はいかにして介護士になり、介護士を続けるか

特養と有料老人ホームの違い

日本の老人ホームには、2種類ある。特別養護老人ホーム（特養）と有料老人ホーム。どちらも老人ホームだが、前者は社会福祉法人や地方自治体などによって公的に運営されている施設で、納税が免除されている。その代わり、大きく利益を出してはいけなくて、低所得者や、生活保護の受給者も、受け入れる義務がある。一方、後者は民間で、当然のことながら、営利を目的とする企業が経営している。その規模やランクはピンからキリまであるが、いずれにしても、こちらは、お金がなければ入所も滞在もできない。

一度、最初に払う入居一時金が3500万円から1億2000万円もする超高級ホームに知り合いを訪ねたことがある。重厚な趣のエントランスには大理石をはじめ、最高の材質が使われ、1階の広間は雄大で、贅沢な調度品が並び、そこからは素晴らしい庭と池が見渡せ

た。施設内には医療室はもちろん、ライブラリー、映画室、多目的ホール、ビリヤード室、上階にはプールもあり、ホールでは定期的に本格的なコンサートが開かれ、レストランでは素敵な服装の入居者が歓談していた。

このホームでは、自立できなくなったり、胃ろう（おなかに穴をあけて胃に直接栄養を入れる）などの措置が必要になったりした場合、系列の介護付きのホームに、新たな入居一時金なしで、横滑り的に移ることができた。そこに集う老人たちは、その施設のことを「姥捨山」などと自嘲的に呼んだが、しかし、その特典こそが、この老人ホームの大きな売りの一つになっていた。

一方、特養は、料金は安いが、個室は少なく、もちろん、贅沢施設ではありえない。福祉の一端を担っているので、寝たきりなど緊急性の高い人から優先的に入所となる。現在の規則では、要介護度3～5までの利用者を受け入れることになっているが、緊急性が高くなければ、立地によっては、入居まで何年も待たなければいけないホームもある。

母が2度にわたる大手術をしたために父を仮に預かってもらっていたS園は、特養だ。当然、当時も大勢の老人が入所の順番を待っていた。本来なら、父がそのままS園に正式入所できるはずはなかった。

ところが、もちろん例外はあり、一人で暮らせず、面倒を見る人がいない老人は、寝たきりでなくても優先的に収容してもらえることがある。うちの窮状を見たケアマネジャーさんが、父にこの特例措置を適用するべく尽力してくださった結果、父は、本当に飛び級的にS園への正式入所が叶った。もちろん、それは、私たちにとっては僥倖以外の何ものでもなかったが、当時の私は、助かったという気持ちが先に立ち、自分の親が「一人で暮らせず、面倒を見る人がいない老人」になってしまった事実からは、必死で目を逸らそうとしていたように思う。

両親とも施設に入って、初めて見た介護の世界

その後、母のために探していたホームが見つかり、母はリハビリ病院から民間の老人ホームNに移った。しかし、両親はどちらも一人でいることを寂しがったし、私たちも、S園とNの両方を訪れるのが大変だったため、結局、父も最終的には、せっかく取ってもらったS園の特養の枠を放棄し、Nに引っ越した。二人とも自立できなかったため、夫婦部屋には入れず、別々の個室だったが、それでもようやく、父と母は再び、同じ屋根の下で暮らせるようになった。

老人ホームで時を過ごすと、いろいろなことを考える。まず感動するのが、介護士の人た

ちの働きだ。若い人が多いのは、この職業がかなりの肉体労働であることを証明している。しかし、いくら若くても、職員のあいだの腰痛問題は、ほぼ１００％だという。

老人ホームと接点のなかった頃の私は、高齢者介護に携わっている人々と接することがほとんどなかった。まるで未知の世界だったと言っても過言ではない。介護が、若い人たちがぜひやってみたいと思う職業であるとも思っていなかった。だから、Ｎに両親が入ってから、ホームの総会で新入の職員の紹介があったとき、若い男性が、「子供の頃、祖母が老人ホームに入り、介護士の人に優しくしてもらっているのを見て、大きくなったら、自分もこの職業に就きたいと思いました！」と元気に言うのを見て、目から鱗が落ちるような気分だった。この人たちがずっと働けるような職場にできるよう、私たち皆が努力しなければならないと思った。

介護士になろうと思う人は、祖父や祖母との温かい思い出を持っていることが多いという。お爺ちゃんっ子やお婆ちゃんっ子は、元々年寄りとの距離がとても近い。いつかその大好きなお爺ちゃんやお婆ちゃんが老人ホームに入り、しょっちゅう訪ねたりするうちに、それが楽しい思い出として心に残り、あとになって、介護という職業に自然に結びつく。

ある介護士は、まだ何の勉強をするか決めかねていた高校生の頃、偶然、老人ホームへボランティアに行った。すると、初日、帰ろうとしたところでお婆さんに手を握られ、「今日はあなたと話ができて、本当に嬉しかった。ありがとう」と涙ながらに言われた。その時の感動は強烈で、こんなに喜んでもらえるなら、この職業に就こうと決心した。彼は、その後、実際に介護の道に進み、今では社会福祉士という、子供から高齢者まで、社会福祉に関する全体の相談に対応できる資格を得た。やりがいのある仕事だという。その発端は、まさにボランティアの最初の日の、老女の喜びの涙だったのだ。

介護の世界を見て、私の死への感覚は変わった

老人ホームでは、とりわけ看取りの体験により、介護士が職業人として、そして人間として、大きく成長するとも聞いた。日本には独特の死生観がある。人々の間に、家族や年長者を敬う意識がまだまだ強く、そんな中、死というものが、かけがえのない人生の終着点として重要な位置を占める。

だからこそ、看取りに立ち会う介護士は自分の仕事に誇りを持っている。一人の人間の人生の重要な部分に深く関与することが、介護士としてのプライドとなる。私にとっては、彼らの矜持を知ったことが、とにかく感動的だった。

それまでの私は、「人間、生まれてきたからには、一度は死ぬ。なんら大したことではな

い」といった考えの人々に囲まれていたせいもあり、死に対してそれほど畏敬の念など持ち合わせてはいなかった。とくに老人が亡くなるのは、どちらかというと、自然現象であると思っていたのだ。

ただ、もちろん例外はあり、私に衝撃を与えた死というのは、自然の寿命を全うできずに逝かなければならない人たちのそれだった。たとえば、愛する人や祖国を守るために戦争で死んでいった人々。病気や事故で寿命を全うできずに世を去らねばならなかった子供や若い人たち。とくに、不治の病のため、年端もゆかぬ子供を置いて逝かなければならない母親の心中などは、考えることさえ怖く、そういう手記を私は手に取ることさえしなかった。

生きたいのに、生きられないという人の死は、壮絶で、悲劇的だと感じた。それに比べれば、老人の死は寿命を全うできた証拠なのだから、めでたいことであるとさえ思っていた。

だから、老人ホームという目立たない場所で、死にゆく老人を敬虔に見守り、死を人生の完結の瞬間として神聖に成就させるために、一生懸命努力をしている人たちがいるということが、まず驚きだった。

そういえば、一度、父がまだS園にいた頃、偶然、出棺の場面に遭遇したときのことを思い出す。職員がロビーに勢揃いし、お棺を囲んで沈痛な表情で直立する中、遺族の代表者が職員にお礼の挨拶をしていた。そして、いざ出棺となると、全員が深く頭を垂れた。一緒に頭を下げ、伝わってくる真剣さに圧倒されながら、私はそこに醸し出されたひどく崇高な雰囲気に、ただ戸惑いを覚えていた。それは私の知らない世界だった。けれど今なら、私は、死に対して違った対応をするだろうと思う。

老人ホームを見てわかった人手不足解消策の空理空論

さらに老人ホームで考えたことは、今のように高齢者を丁寧に扱える状況が、いつまで続くのかということだ。介護の人員はすでに圧倒的に不足しており、これから、その状況は悪化することはあっても、改善の見込みは少ない。それはドイツでもまるで同じで、あちらではすでに介護はほとんど外国人の仕事となっているが、その外国人も不足している。

しかし、同じ問題に見舞われている日本では、「人手不足は人間が物理的に足りないのではなく、その賃金では働き手が集まらないだけだ。だから、海外からの低賃金労働者をブロックすれば、賃金は上昇し、需給が釣り合う方向に働く。戦後、家政婦の賃金が高騰したことで、省力化技術革新が進んだ。介護でも、賃金が上がれば、省力化の技術革新も加速する」と分析する識者も多い。

はたして、そうだろうか？

戦後、家政婦が減ったのは、第一に、皆が貧乏になり、家政婦を雇えるほどの富裕層がなくなったからだ。そして、のちには、今度は皆が豊かになったので、家政婦のなり手がなくなった。ただ、もし、このとき、安い労働力を調達できていたなら、家政婦は残ったかというと、そうともいえない。掃除機や洗濯機という文明の利器が現れ、それまでの肉体労働を安価にカバーしてくれるようになったからだ。

文明の利器に加え、さらに決定的な点は、どの家庭でも生まれる子供が減ったので、気がついたら、家政婦がいなくてもそれほど不自由しなくなっていたことではないか。つまり、家政婦の消滅は、省力化技術革新や、賃金の高騰によってもたらされたというより、人口構成の変化が、需要をなくしたという方が正しい。それに比べて、介護の需要は、これからまだまだ増える。

介護は、今、そこに、おむつがいっぱいになってしまっている高齢者が寝ていれば、とにかく誰でもいいから、おむつを取り替える人に来てもらわなければ困るというところまで、まもなく切羽詰まる。ゆっくり対策を考えている暇さえないというのが現状なのだ。

それに間に合うほど素早く何らかの技術革新が進むとも思えないし、早急に外国人労働者を規制する法律が制定され、しかも、それがちゃんと機能し、介護士の賃金が改善され、日本人介護士が改善された賃金で満足して介護に従事できるようになるとも思えない。

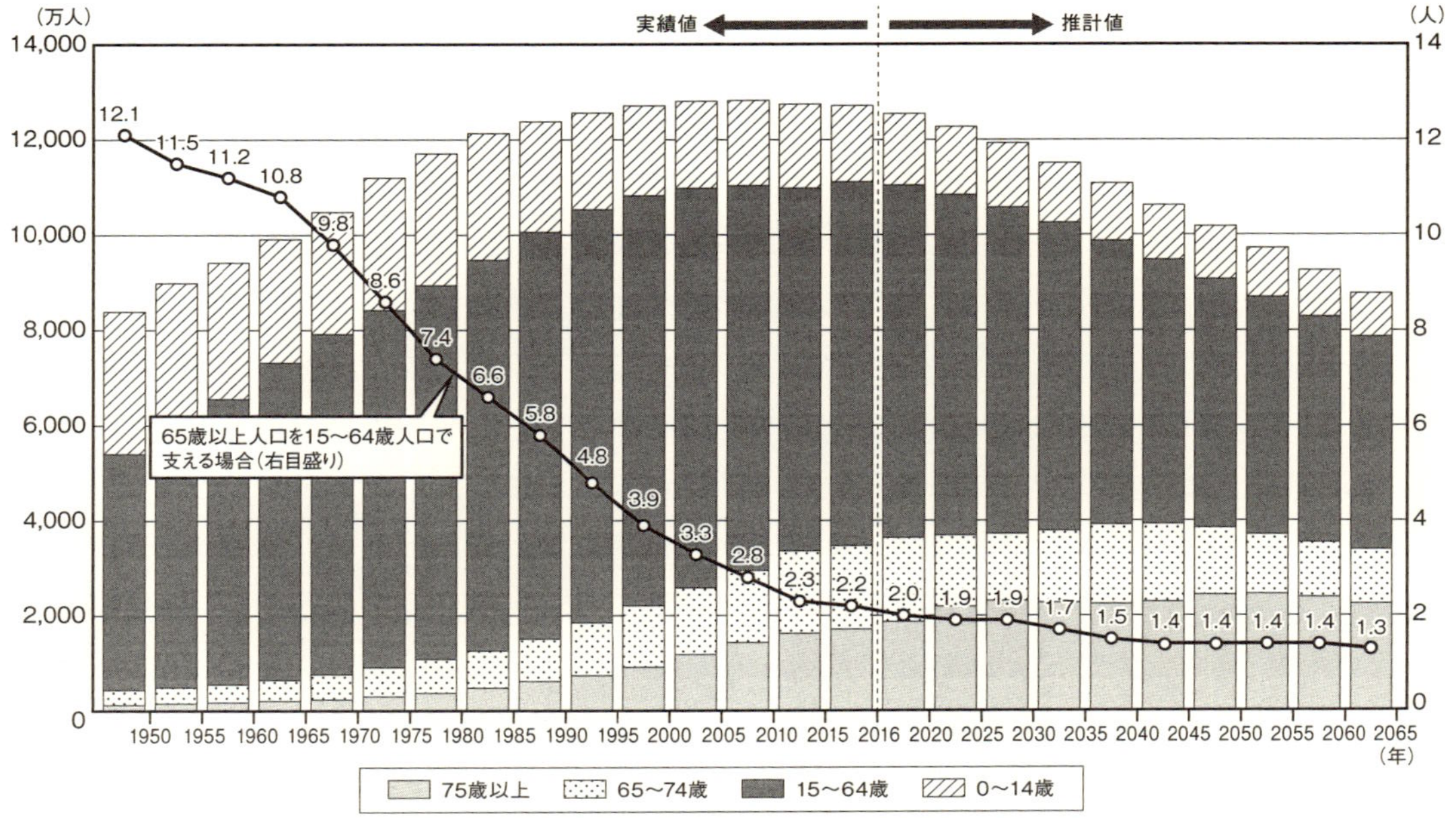

高齢世代人口の比率　今後、日本の人口は減少するが、減少するのは64歳以下の人口で、高齢者の人口はほぼ横ばいで推移する。その結果、2065年には、現役世代1.3人で1人の高齢者を支えることになる見込み。　出典：高齢社会白書

それに、外国人労働者の導入規制など行ったら、介護だけでなく、他の産業も打撃を受けるだろう。つまり、私たちにはもはや、外国人労働者を入れるべきか、入れざるべきかといった贅沢な議論をしている余裕さえないのだ。若年労働人口が少ないという日本の実情は、今のところ、どうしても変えることができない。

実際に老人ホームを見に行くと、何が現実で、何が机上の空論かがよくわかる。政治家には、外国人労働力の導入について、しっかりとした長期計画を立ててもらわなければならないことは当然だが、多くの現場の窮状は、それとは違った次元にある。

そのうえ、老人ホームは工事現場とは違って、生身の人間を扱うわけだから、技術や責任感だけでなく、優しさも伴った人に携わってもらいたいという希望が、私たちにはある。そして、今、実際に介護の世界では、その希望を満たしてくれる人が来てくれれば、それだけでありがたいという、藁《わら》にも縋《すが》りたい空気が充満している。日本人か、外国人かなどということは、あまり関係がない。良い仕事をしてくれる介護士が１人でも増えれば、他の介護士も、高齢者も、皆が助かる。

ドイツで「介護」と「看護」の資格が統合された理由

日本で話を聞かせてもらった老人ホームの施設長に、さしあたって今、どのような改善を希望するかと質問したら、労働条件もさることながら、やはり介護という職業に対する世間のイメージの改善ということだった。お給料も大切だが、介護のイメージが上がらなければ、就労しようという人は増えない。

人手不足は、すでに介護職の7割から8割が外国人で占められているドイツでも同じだ（なぜ外国人比率が高いかは追い追い説明する）。ドイツでは、人手不足を改善するために、2016年より段階的に法律を改正している最中だ。「介護士」と「看護師」の資格が統合され、将来は、すべて「介護士」という名称に統一される。つまり、全員が2年間、理論と実技を勉強し、その後、3つの部門に分かれて、さらに1年、専門知識を学ぶ。

3つの部門というのは、①「健康管理、および病人介護士＝従来の看護師」、②老人専門の「老人介護士」、そして、③小児専門の「小児介護士＝従来の小児看護師」である。①か②か③かの選択は、2年の基礎勉強の後でよい。そして、最後の1年の勉強が終わると、国家試験がある。

なぜ、こんな改革を行ったかということについては、さまざまな理由が述べられている。

まず、公式の理由としては、病院には病人がいて看護師がおり、老人ホームには高齢者がいて介護士がいるという棲み分けが、人々の高齢化のために崩れてきたこと。

たとえば、病院にいる病人が高齢で、認知症など高齢者特有の症状を持つケースが増えれば、看護師に高齢者ケアの知識も必要となる。また反対に、老人ホームでは、入居者が病気を持ち、日常的にさまざまな医療措置を受けることはほぼ常態となった。そうなると、やはり高齢者介護の知識だけでは済まず、医学の知識も必要だ。

つまり、介護士と看護師の境界線は曖昧になり、同じような知識と、同じような実習経験、同じような学問が必要となってきた。これまでのように、介護士は医療行為を一切行えないなどと言っていると、効率が悪すぎる。そこで、すべてを「介護士」という名前で括って、同資格に統一しようというものだ。

ただし、実際に話を聞いてみると、他にも理由はあるらしい。たとえば、「看護師」と「介護士」を同資格にすることで、「看護師の方が介護士より格が上」というイメージを取り除くこと。実は、日本の福祉学校でも、同じような試みが始まっていると聞いたが、その狙いは、もちろん、介護への人材の確保である。

ただ、実際には、ドイツではまだ、病人介護士を選択した人が老人ホームに就職したり、高齢者介護士を選択した人が病院に勤務することは稀だという。しかも、この統合により、これまで看護師の中で一番高いプライドを持っていた小児看護師が、格下げをされたように感じているともいうから、内情はやや複雑だ。

なお、介護士の資格は、この3種類だけではなく、3年の勉強のあとに国家試験に受かった正介護士、試験に受かっていない准介護士、また、学校を経ずに、実地の見習いから入った「介護アシスタント」と呼ばれる人たちもいる。正介護士以外は、医療行為には携われない。

ただ、本書を書き進めるにあたって、①「健康管理、および病人介護士（従来の看護師）」、②高齢者専門の「高齢者介護士」、③小児専門の「小児介護士（従来の小児看護師）」という名称では、非常にわかりにくくなりそうなので、ここではドイツの事例を書く時も、従来通り、「看護師」と「介護士」という呼びかたを使うことをご了承願いたい。

介護士のなり手を増やすため、確かに世間のイメージ改善はとても大切だ。しかし、それと同じく重要なのが、給与や待遇の改善だろう。そもそも、介護にまつわるお金の流れはどのようになっているのか。次章では、日独の介護費を比較してみる。

第2章 介護の費用の日独比較

ドイツも介護をめぐる家族の事情は日本と同じ

高齢化が進むドイツの抱える問題は、日本のそれとよく似ている。介護保険が整備され、高齢者介護は社会の課題という認識が定着してきてはいるが、急速な人口ピラミッドの変化もあり、実際には試行錯誤が続いている。昔のように、どこの家でも、老人があたかも古い家具のごとくいて、その老人が弱ったら、家族みんなで手分けして看るという時代は終わってしまったのだ。

しかも、今では介護の必要な高齢者は増える一方。ドイツの要介護の高齢者は、2016年末の時点で293・8万人（2017年10月のドイツ連邦保健省発表）。全人口の約3・5%だ。そして、老人ホームは圧倒的に不足している。そこで、政府が在宅介護を奨励していることもあり、要介護高齢者の7割が自宅にいる。

その内分けは、ヘルパーの助けを受けながら自力で頑張っている人が半分で、あとの半分は家族が看ている。ただ、家族といっても、たいてい介護の仕事が回ってくるのは娘や嫁など、女性と相場が決まっている。彼女らが仕事を持っていれば、多くの場合、介護のためにそれを減らすか、あるいは、離職せざるをえない。そうなると、介護が終わっても再就職は難しく、さらに中途退職では年金も少なくなる。つまり、介護をした人自身が、将来、貧困に陥る可能性が高まる。

要介護度によっては、毎日、あるいは週に何日か、ヘルパーが手伝いに来てくれたりもするが、寝たきりの老人を抱えている場合などでは、世話をしている人に過度の負担がかかる。昨今は寿命が延びたため、親が高齢になれば、世話をする方もすでに老年の域に差しかかっているし、配偶者の世話なら、まさしく老老介護となる。しかも、医学が進んだので、介護の年数が昔に比べてすごく延びた。だから、無理しているうちに自分も倒れてしまうというケースも少なくない。

さて日本はどうか？　日本の場合、要支援・要介護と認定され、2018年4月に介護保険サービスを受けた人の数は、643・7万人（人口の5・1%）だ。うち男性が201・6万人で、女性が442・1万人。要介護だけだと、男女合わせて467・2万人だ（同3・7%。いずれも厚生労働省）。これはドイツとほぼ同じ。

そのうち、公的な老人ホームを利用している人が93・4万人で、認知症グループホームの利用者が19・3万人（2016年）、民間の有料ホームの利用者が35万人（2016年）。合計では147・7万人となり、だいたい要介護者の31％が施設にいることになる。この他、サービス付き高齢者住宅などもあるが、入居者の統計がない。

ドイツで日本の老後の話をすると、ドイツ人は皆、「日本では、まだ老人を家で面倒見ているケースが多いでしょう」と言う。テレビで、沖縄などの、健康で長寿で幸せそうなお年寄りの映像を見過ぎているのかもしれない。しかし、この統計によれば、在宅の要介護高齢者とホームに入っている要介護高齢者の割合は7対3で、ドイツも日本も同じくらいだ。

ドイツも日本も介護保険料は値上がりしている

ドイツの介護保険は、1995年より国民全員の加入が義務付けられている。従来の医療保険、労災保険、年金、失業保険と同列のものとして導入されたので、ドイツの社会保障の5本目の柱とも言われる。

介護保険は、幾つかの理由で、医療保険と一本化されているため、国民は皆、自分の加入している医療保険会社の運営している介護保険に入らなくてはならない。日本のように、加入は40歳からという免除もない。

介護保険が医療保険と違うところは、前者は、たとえ介護が必要になっても、その費用全額を保証してもらえるものではないこと。介護保険の財源は、その時点で共同の鍋に溜まっているお金を、必要な人で分けるというのが原則だ。つまり、鍋が焦げ付いて来れば、サービスの質を落とすか、あるいは、徴収する保険料を引き上げなければならない。左派の政治家の中には、高齢者が人間らしく生活することは基本的人権なので、それを保証するのは国の義務であり、自己負担を強いるのはおかしいという意見の人も多いが、コストを考えると、現在の人口ピラミッドの下では、それは絵に描いた餅だ。ドイツ政府は、今いる高齢者の世話だけでも、すでに四苦八苦している。

２０１８年６月の報道によれば、２０１７年、介護保険の収支が13年ぶりの赤字になった。それも24億ユーロ（約３１００億円。１ユーロ＝１３０円で計算。以下同様）の大赤字だ。保険料は、２０１３年以来、３度も値上げされており、３度目の値上げが２０１７年１月にあったばかりなのにもかかわらずである。

なぜ、介護保険の出費が急激に増えたかというと、２０１３年に始まった第３次メルケル政権において、介護制度導入以来初の構造改革が行われたからだ。

改革の内容の一つが、要介護度の基準の見直し。３段階だった要介護度が５段階になり、要介護の条件として十分に考慮されていなかった認知症が、考慮されるようになった。

これまでは、体が動いていれば要介護とはみなされなかったのだが、実際問題としては、認知症の場合、体が動いていればいるほど、「見守り」という介護がたいへんになるという現実がある。そして、それがドイツのあらゆるところで、日に日に増している。

もう一つの赤字の原因は、介護をしている家族などに対する補助の改善。これまでも、介護をするために職を離れた家族が年金や失業手当で不利にならないよう、介護保険が社会保障費などを少し肩代わりしていたが、それを強化したところ、額が予想以上に膨れ上がった。

いずれにしても、改革の断行による出費の増加は、一応、想定されていた。だから、それを見越して、2013年と2015年に二度にわたり、保険料の値上げも行われていた。2016年末、介護保険の残高は94億ユーロ（約1兆2000億円）にまで達していた。そのうえ、2017年1月のだめ押しの値上げもあった。

ところが、蓋を開けてみたら、認知症と認められた要介護者の数は、2017年の1年間だけで20万人増。保険の出費は、前年比で70億ユーロ（約9100億円）増の372億ユーロ（約4兆8400億円）にもなり、莫大な余剰金をもっても対処しきれなかった。せっかく貯めた94億ユーロはあっけなく吹き飛び、2017年の収支は、約30億ユーロ（約3900億円）のマイナスとなった。ドイツの介護費には、原則として、税金は投入されないが、このマイナス分は、とりあえず税金で補塡されるという。

介護保険料の値上げが政治課題となったドイツ

実は、2017年1月の保険料値上げの後、当時の保健大臣は、少なくとも2022年までは値上げはしないと保証していた。介護保険料の額は、額面収入に対するパーセンテージで決まっているため、国民の収入が増えれば介護保険の収入は自然と上がる。現在、ドイツは景気が良く、国庫が豊かなので、おそらく政府は、少々出費が増えても、この自然増加でカバーできると見込んでいたのだろう。

だが、現在、その目論見は外れ、2019年1月に、もう一度、値上げをしなければ、どうにもならなくなった。しかし、相次ぐ値上げは、単に赤字を埋めているだけで、肝心の介護の現場の窮状は一向に改善されていないという現実もあり、国民のジレンマがかなり高まっている。また、万が一、ドイツに不景気が到来することがあれば、人々の収入が減り、保険収入は自然減少するわけで、収支の見込みは狂ってくる。

さて、現在（2018年）、この非常に難しい問題を背負っているのが、2018年3月、第4次メルケル政権で保健大臣に就任したイェンス・シュパーン氏だ。CDU（キリスト教民主同盟）の大臣としては抜群に年が若く、38歳。

シュパーン氏が、前任者が世紀の大改革で作った赤字の後始末を引き受けるはめになったのは、彼が、CDU党首であるメルケル首相の筆頭批判者であったことと無関係ではないかもしれない。シュパーン氏に課されたのは、払う人が減り、貰う人が増える医療・介護保険を、皆が満足するように丸く収めるという、魔法でも使いたくなるほど難しい任務だ。結局、彼が最初に手がけることになったのが、介護保険の保険料の唐突な値上げ。この調子では、今後も叩かれることはあっても、褒められることは稀だろう。

２０１７年1月に定められた介護保険料率がどのくらいかというと、子供のいる人は納税対象となっている収入の２・５５％。23歳以上で子供のいない人は２・８０％となる。日本では、介護保険の加入義務は40歳からだが、ドイツでは医療保険と同じく全員。なお、雇用者がその保険料のほぼ半分を負担するところも、他の社会保障である医療保険や失業保険と同じだ。

ただし、保険料には上限が設けられており、いくら収入が多くても、ある一定の額は超えないようになっている。これも法定の医療保険と同じ。被用者の負担は、雇用者が払ってくれる半分を引いて計算した場合、子供のある人は最高でも月に約56ユーロ（約７３００円）、子供のない人は約61ユーロ（約７９００円）ということになる。子供のない人の保険料の割り増し分については、雇用者ではなく、被用者が全額自分で負担する。

前述のように、当初、これを2022年までは据え置くことになっていた。しかし、その約束は守られず、2019年から、シュパーン大臣はこれを0・3%引き上げて、2・85%（子供のいない人は3・1%）にする意向だ。これを日本円に換算すれば、額面30万円の収入をもらっている子供のいない人が支払う介護保険料は9300円にもなる（雇用者分も込みで）。もっとも、保険会社側は、そんな値上げでは焼け石に水で、少なくとも0・5%は引き上げる必要があると言っている。2018年秋に、本格的に議論が始まることだろう。

日本の介護保険の仕組みはどうなっているか

さて、これを日本の介護保険料と比べてみよう。

日本の介護保険は、40歳以上の人が払い込んだ保険料と税金で賄われている。保険料は、65歳未満か、65歳以上かで、あるいは、本人の収入や世帯収入の額によっても変わってくる。

大雑把に言えば、40歳から64歳の国民が払い込んでいる額は、雇用者・被用者分を合わせて平均月額5432円（2016年）。保険料率としては額面収入の1・54%ほどとなる（労使合計の金額、2014年時点での試算値）。負担額に上限は設けられていない。なお、65

歳以上の場合は平均して月額5514円（2016年）。ドイツに比べるとだいぶ安い。

その代わり日本では、介護サービスを受けた場合、その金額の1割から3割を自己負担しなければならないが、それでも、限られた負担で、質の良いサービスを実現しているという点では、医療保険と並んで、世界に誇れるものではないかと思う。

ドイツと日本の介護保険制度の根本的な違いは、ドイツでは原則、介護保険に税金が投入されず、日本では半分が税金だということ。国庫と地方自治体から25％ずつ支出されているから、保険料が安い。ただ、日本の財政収支は現在赤字なので、介護保険も一部は国債・公債による借金で賄われていることになる。

なお、日本の介護保険料も、やはりだんだん値上がりしていくことはドイツと同じ。65歳以上の人の保険料は、制度ができた1990年代の終わり、全国平均で2911円だったが、2018年からは6000円近い。しかも、これでも足りなくなるはずだから、財源をどこに持ってくるかが、これからの議論の的になるだろう。

ドイツでは要介護になったら いくら支払われるか

ドイツでは、高齢者が不自由なく老後を過ごせることは、基本法（憲法に相当）で保証された基本的人権の一つなので、介護保険は全額保証であるべきと考える政治家がいることは、すでに書いた。特に、左派の政治家がそう主張する。しかし、実際には、ドイツでの老後の生活は、他の多くの分野と同じく、日本に比べれば、かなり自己責任に負う部分が多いように感じる。

自立できなくなった高齢者が介護サービスを受けるには、まず、要介護であるという証明をもらうために、保険会社に申し込みをしなければならない。すると、鑑定員が派遣され、5段階の要介護度のどれかということが決まる。もし、認定されたレベルに不満な場合は、異議の申し立てもできる。

要介護度が決定すると、それに応じて介護サービスが受けられるのだが、その場合、在宅介護であるか、老人ホームに入るかで、支給されるサービスの種類が違ってくる。また、同じ在宅でも、公的な介護サービスを受ける人と、受けない人で、また異なる。

まず、在宅の方から見ていくと、公的な介護サービスを一切受けない人には、「介護金」として現金が給付される。その月額は、2017年の場合、要介護度1はゼロ、要介護度2が316ユーロ（約4万1000円）、要介護度3は545ユーロ（約7万1000円）、要介護度4は728ユーロ（約9万5000円）、そして、要介護度5は901ユーロ（約11万7000円）だ。

このお金は、どう使おうが本人の勝手。住む場所も、自宅でも、子供や親戚の家でも、ケア付きホームでも、要するにどこでもよい。唯一の条件は、公的なサービスを受けないこと。また、肝心の介護も、家族が看ようが、親戚が看ようが、あるいは、住み込みのお手伝いさんを雇おうが自由。さらに言うなら、本人が、支給された介護金を、介護してくれている家族にいくら渡そうが勝手。あるいは、全然渡さなくても、保険会社は関知しない。住み込みのお手伝いさんを雇ったりすれば、もちろん、経費はこの介護金では賄えないだろうから、その場合は、本人が差額を自己負担することになる。

一方、同じ自宅介護でも、公的な介護サービスを使うことになれば、この介護金とは別のシステムが適応される。つまり、給付は現金ではなく、サービスの現物給付となる。たとえばヘルパーが来て、要介護度に応じて、家事手伝いや、買い物、あるいは、食事、排泄の介助をしてくれる。また、医療行為のできる介護士が来て、包帯の取り替えや、ちょっとした診察をしてくれることもある。

家をバリアフリーにするためのリフォーム代や、手すりや、階段リフトの設置費用、あるいは施設へのショートステイ費などは、公的介護サービスを受けていようが、いまいが、一定の手続きをすれば、要介護度に応じた一律の現金補助が出る。

現物給付の介護サービスには、すべて値段が付いており、要介護度によって受けられる額

ドイツの介護給付金（月額）

	在宅で介護サービスを利用しない場合（現金給付）	在宅で介護サービスを利用する場合（現物給付）	老人ホームに入所した場合（現物給付）
要介護度1	0ユーロ	0ユーロ	125ユーロ（約1.6万円）
要介護度2	316ユーロ（約4.1万円）	689ユーロ（約9万円）	770ユーロ（約10万円）
要介護度3	545ユーロ（約7.1万円）	1298ユーロ（約16.9万円）	1262ユーロ（約16.4万円）
要介護度4	728ユーロ（約9.5万円）	1612ユーロ（約21万円）	1775ユーロ（約23.1万円）
要介護度5	901ユーロ（約11.7万円）	1995ユーロ（25.9万円）	2005ユーロ（約26.1万円）

が決まっている。要介護度1ならゼロだが、要介護度2なら689ユーロ（約9万円）分、要介護度3が1298ユーロ（約16万9000円）分、要介護度4が1612ユーロ（約21万円）分、要介護度5が1995ユーロ（約25万9000円）分のサービスを受けられる。

受けたサービスがこの金額以上になると、超過分は自己負担しなければならない。また、この金額以下なら、使わなかった分だけ、現金で戻してもらうこともできる。

ただし、現金を戻してもらう際の計算は複雑で、たとえば、要介護度3の人が、現物支給分1298ユーロ分のうち、半分のサービスしか使わなかったからといって、その半額の649ユーロ（約8万4000円）が戻ってくるわけではない。大まかに言えば、その場合は、現物給付の額の半分ではなく、現金給付の金額である545ユーロの半分、つまり272ユーロ（約3万5000円）が戻ってくると考えれば良い。そうでなくては、不公平だ。

そのうえ介護に使われるお金が、すべて介護保険を財源としているわけでもない。たとえば、介護をされている人がほとんど寝たきり状態で、ベッド上で清拭《せいしき》、食事、排泄などすべてを補助しなければならず、そのために介護用のベッドが必要であれば、そのベッド代は介護保険でなく、医療保険が負担する。また、医療行為を伴う訪問サービスの費用も、介護保険でなく、医療保険が負担する。だから、計算がややこしくなる。

しかし、いずれにしても、高齢者本人や家族が頑張って、なるべく訪問介護サービスを受けなければ、なにがしかの現金が返ってくることは間違いない。だから、これが、サービスを受けるのを少なくしようというインセンティブにはなるだろう。サービス給付の方が、現金給付よりも、介護保険に掛かる負担は格段と大きいので、国としては、なるべく多くの人が在宅で、しかも介護サービスを受けないでいてくれる方がありがたい。

ところが日本の場合は、サービスを受けず、家族が頑張っても、自己負担金が節約できるだけで、たいしてお得感はない。サービスが限度額を超えると、基本的に、はみ出した分は自分で負担しなければならないが、自治体によっては、いろいろな条件をクリアしていると、超過分まで還元してくれるところも多い。こうなると、介護保険を払っているのだから、そ

日本の介護給付金（月額）

	在宅で介護サービスを利用する場合（現物給付、うち1～3割が自己負担）
要介護度1	166,920円
要介護度2	196,160円
要介護度3	269,310円
要介護度4	308,060円
要介護度5	360,650円

の分、サービスを受けなければ損だという気が働きやすい。

日本の要介護度1の在宅高齢者の受けられるサービスの額は月に16万6920円、要介護度2は19万6160円、要介護度3が26万9310円、要介護度4が30万8060円、要介護度5なら36万6500円だ。自己負担金が1割から3割かかるが、しかし、その程度では、節約しようというモチベーションは湧きにくいのではないか。

自己負担が1割から3割ということは、介護保険の負担は7割から9割だ。皆が限度額まで使おうとすると、将来、介護保険が保ちきれなくなる可能性が高い。そういう意味では、ドイツのようなシステムを、日本でも一度、検討してみる価値があるだろう。

さらに、要介護の高齢者がどのサービスを受けるかという決定も、非常に重要になってくる。日本では、その要を握っているのがケアマネジャーだ。通称ケアマネ、正式名は介護支援専門員。

要介護認定に若い「ケアマネ」が厳格な理由

ケアマネの任務をひとことで言うなら、高齢者一人一人の様子を見ながら、受けるサービス内容を吟味、計画すること。その内容は多岐にわたり、介護認定の申請の代行、ケアプランの作成、支給額や自己負担額の計算、経過報告など、事務的な業務はもちろん、介護を受ける人が何を必要としているか、前回と比べてどのような変化があったか、体調はどうか、家族との関係はどうなっているかなど、それぞれの高齢者の置かれた状況を的確に把握し、全方位的にサポートしていかなければならない。

２０００年、介護保険法が施行されたときに、ケアマネの制度もスタートした。当初のケアマネには、利用者に代わって、なるべく多くのサービスを引き出すことが自分の使命と考えていた人が多かった。しかし、２０００年に１４９万人であった介護サービスの利用者は、２０１５年には５１１万人に増え、それにつれ、ケアマネの役目も急速に変わった。つまり、限りある介護費をなるべく有意義に使うため、若いケアマネほど、利用者が自立するための支援を模索し、サービスの必要性を慎重に吟味するような指導を受けている。サービスの大盤振る舞いはご法度になった。

今、ケアマネの試験は、以前とは比べ物にならないほど難しい。試験は各都道府県が実施するが、さまざまな規則が複雑になっていることもあり、覚えることがすでに膨大だ。２０１５年には試験内容が変わり、２０１８年からは受験資格も変わった。今では、医師や看護師、社会福祉士、介護福祉士など、特定の法定資格を持ち、しかも、５年以上の実務経験がある人でなければ、受験すらできない。そのうえ、試験に受かってもすぐにケアマネになれるわけではなく、87時間もの実務研修を修了しなければならない。

２０１７年度の受験者数は全国で13万人を超えたが、合格したのはそのうちのたった2割。まことに狭き門である。これから高齢化が進んでいく中、いかにして、医療、介護、予防、そして生活支援の調和をとり、しかも採算を合わせていくかということは、ものすごく重要な課題だ。ケアマネの質が、これまで以上に問われている。

介護サービスの利用者の間では、「なんだか若いケアマネさんは厳しいことばかり言って困るわ」などという不満の声もときどき聞くが、それは、若いケアマネにサービスを割り当てる力がないのではなく、彼ら、彼女らが、現在の高齢者の快適さだけでなく、将来の高齢者の快適さや、さらには日本の未来の余力をも考えるように指導されているからだろう。

つまり、現在就労中の新旧のケアマネのあいだには、そのメンタリティにかなりの差が見られる。そして、この変遷の陰にこそ、福祉の難しさが表れている。本当に困っている人を取りこぼさないために、グレーゾーンも認めるというのが以前の福祉のあり方だったが、そんな余裕はもうないのだ。超高齢社会の最前線で、福祉という理想と、採算や持続性という現実政治の調和を取るべく頑張っている新しいケアマネを、私は応援したいと思っている。

ドイツには、日本でいうケアマネジャーはいない。要介護度が定まり、介護サービスを受けようと思ったら、今度は自分で、保険会社の認定している介護施設に連絡をし、どのようなサービスを受けるかを決めなければならない。自分でできない場合は、家族などに委任状を持たせて、代わりにやってもらう。誰もできない場合は、裁判所が指定する法定の世話人がすべてを引き受ける。

もちろん、介護施設に、相談員、つまり、ケアマネのような人は存在するが、最終的には、他のさまざまなことと同じく、自分で話し合い、あるいは交渉し、自分にあったサービスを発注しなければならない。日本のように、ケアマネが全部アレンジしてくれて、それにもかかわらず、どうのこうのと文句を言っていられるのは、本当は、実に恵まれた状況なのである。

ドイツでは老人ホームに入ると　いくらかかるか

さて一方、ヘルパーや介護士が毎日来てくれても、自宅での介護が無理になることは多い。とくに、認知症の高齢者は、目が離せない。その介護を家族だけでやれるかというと、そうもいかない。また、いろいろな事情で、家族が看たくても看られないケースも多い。そこで当然、老人ホームというオプションが浮上してくる。

では、ドイツで老人ホームに入ると、介護保険はどうなるか？　2017年の改訂後の数字では、老人ホームに入っている人に下りる保険は、要介護度1で月額125ユーロ（約1万6000円）、要介護度2で770ユーロ（約10万円）、要介護度3で1262ユーロ（16万4000円）、要介護度4で1775ユーロ（約23万1000円）、要介護度5は2005ユーロ（約26万1000円）だ。

金額としてはかなり多いが、しかし実際には、老人ホームに入るには、それだけではまだ足りない。介護のレベルが高くなればなるほど、そして、老人ホームの質が上がれば上がるほど、ホームからくる請求書の金額はうなぎのぼりとなるからだ。

2018年7月、ドイツの大手高級紙であるフランクフルター・アルゲマイネに載った記事によれば、老人ホームの入居者が支払う月々の自己負担分が、2017年の1年間で8％

も値上がりしたという。現在の全国平均は1831ユーロ（約23万8000円）だ。

前述の介護保険制度の改革では、2017年1月以降に老人ホームに入居する場合、同じホーム内では、要介護度2から5までの人の自己負担金が一律同額となった。この新しい料金制度によって得をするのは要介護度の高い高齢者で、要介護度2の人は、おそらく損をする。そして、それを均したうえで、施設に欠損が生じる場合は、介護保険が補填するそうだ。

なぜ、こんな規定ができたかというと、いくつか理由がある。たとえば、要介護度が高いと、自己負担金が高くなりすぎるため、要介護度を実際より下げてもらおうとする人が増えてしまった。ただ、それでは症状に見合った介護が行えないので、介護保険が出血サービスをしたというもの。

しかし、他の理由もある。そして、おそらく、こちらが本当の理由ではないかと思うのだが、つまり、自己負担金を同額にしておかないと、民間の老人ホームが、利幅の大きい重度の要介護者ばかりを優先的に入居させるという問題が起きる。

いずれにしても、ドイツの老人ホームは、潤沢な年金と十分な資産がない人にとっては高嶺の花だ。快適さでは劣るかもしれないが、裕福でなくても入れる特養のある日本の方が、草の根的な福祉といえるのではないかと、ドイツの高齢者事情を見ると、いつも思う。次章では、そのドイツの老人ホームの様子を、見てみよう。

第3章

ドイツでは庶民は老人ホームに入れない

驚くほど贅沢な ドイツの非営利老人ホーム

シュトゥットガルト市の南、鬱蒼とした森の始まるちょうど入り口に、その老人ホームはあった。シュトゥットガルトは緩やかな盆地になっており、市の中心はその真ん中の、すり鉢の底に当たるところに位置する。だから、この老人ホームが立っている場所は、町の中心に比べると、少し標高が高かった。そして、こんなに緑に囲まれていながら、市電でも車でも、中央駅からわずか20分足らずという最高の地の利だ。

シュトゥットガルトはドイツで6番目に人口が多い。産業が発達し、治安も良く、教育程度も高いという、いわば豊かな都市だ。平均給与の比較では、毎年、ドイツで3本の指に入る。町のそんな羽振りの良さを象徴するかのように、その老人ホームはカラフルで、手入れの行き届いた外観だった。

デラックスな印象は、建物の中に入るとさらに強くなった。広々としたレセプション。外に面する大きなガラスの壁。ソファ。部屋の片隅には、立派な弔辞の記帳本がページを開いたまま飾ってあった。亡くなった入居者に対する心のこもった言葉が、さまざまな訪問者の筆跡で書き込まれている。その横には白いバラの花の一輪挿し。

しかし、何よりも私を驚かせたのが、ここがプロテスタント教会関係の基金、つまり非営利団体の経営するホームであるという事実。日本では、社会福祉法人の特別養護老人ホームで、ここまで贅沢な施設は見たことがなかった。

見学したいという私を迎えてくれたのはLさん。45歳ぐらいの女性で、元々の職業は調理師だった。ところが健康を害し、レストランでの仕事を続けられなくなった。そこで、職業センターの再養成プログラムで、介護の仕事を選んだ。今では、この新しい仕事がとても気に入っているという。

この老人ホームは、長期滞在者用と、短期滞在者用、そして、ケア付き住宅に分かれている。ケア付き住宅の居住者は、お金を払えば各種のサービスが受けられるが、基本的には普通の2DKの住宅と同様だ。ただ、普通の住宅より家賃は高い。その他の居住区は、介護の必要な人用と、認知症の人用に分かれている。ショートステイも受け入れている。ベッド数は全部で150床。

廊下は明るい配色で、子供用の施設のように可愛い。広々とした食堂では、三々五々、入所者たちが座り、お茶を飲んだり、ケーキを食べたりしていた。その間で、介護士がにこやかな笑顔を振りまきながら立ち働いている。介護士の70％は外国人で、ここでは、そのほとんどが旧ユーゴスラビアの人たちだということだった。

窓ガラスの外は木張りのテラスで、柔らかな6月の日差しが溢れていた。ここにも寝椅子やテーブルが並び、何人かの老人がゆったりと寛いでいる。

Lさんが、「ほら、日本からのお客さんよ！」と言うと、その中の一人が読みさしの本をおいて、「ああ、日本へは、昔、仕事で行ったことがあるよ」と話しかけてきた。豊かな人生を送ってきた人に見えた。そして今、明るい陽だまりの中で、その最終章を静かに楽しんでいる。

高級ホテルの一室のように清掃が行き届いていた

一方、認知症の人たちのエリアはテラスの代わりに中庭があった。このエリアから外には出られないが、庭には自由に出られる。そこで、ときに皆で草花の手入れをしたり、土に触れたりすれば、それがそのまま心理的、かつ、物理的なセラピーになるという。

日本からの来客を、じーっと見つめる老人。でも、怒っている人も、イライラしている人もいない。何もかもがシーンとしている。

認知症エリアの部屋も見せてもらった。廊下を歩いて行くと、ドアには名札の代わりに顔写真が貼ってある。写真や絵の方が、部屋を間違うことが少ないという。

廊下の椅子の上に小さなハンドバッグが置いてあったので、「誰か忘れていますよ」というと、「あ、それは、わざとそこに置いてあるの」とLさん。認知症の人は、何か持ちたがるので、あちこちにいろいろな物が置いてあるという。年をとると、だんだん子供に戻っていくのだろうか。

驚いたのは、寝たきりの人でない限り、たとえ認知症であっても、それぞれがトイレとシャワーのバスルーム付きの個室に住んでいたことだ。部屋は、ベッド、タンス、テレビ台、テーブル、ソファといったスタンダードの付属品の他、自分の使い慣れた家具を持ち込めるスペースがあった。馴染んだ家具があれば安心するし、今までの暮らしとの断絶も少なくなるという配慮だ。

見せてもらった認知症の人の部屋は、驚くほど整然としていた。住人はおやつで外に出ていたが、ベッドにはピシッとカバーが掛けられ、棚の上に置きっ放しになっている物はなく、床にはチリ一つ落ちておらず、広々としたバスルームは、洗面台も、トイレも、そして、バリアフリーになっているシャワーも小綺麗で、置いてあるシャンプーや石鹼にいたるまで、曲がっているものが無い。あまり整然としているので、ふと、チェックインのあと、初めて自分のホテルの部屋に足を踏み入れたときのような感覚に襲われたほどだ。

思わず、「毎日、お掃除の人が入るのですか？」と訊くと、Lさんは少し驚いたような顔で、「もちろん」と答えた。しかし、驚いたのは私の方だ。150室の清掃代は如何ばかりになるのだろう。それがそのまま、ホームの料金に上乗せされるのだ。

ドイツでは非営利老人ホームでも料金は高額

ドイツの老人ホームは、どれもこれも料金が高い。民間の老人ホームは、当然、需要に応じてピンからキリまであるので、ここでは触れないが、その他、公立のものと、ここのように社会福祉法人のものがある。社会福祉法人は儲けを出してはいけないので、このホームでも、残業手当などで毎月、収支を調整しているということだったが、それにしても、シュトゥットガルトは、ドイツでは家賃や人件費のとりわけ高い土地だ。老人ホームを経営すれば、利益を出さなくても経費はかさむ。しかも、ここまで贅沢になると料金も相当なものだろう。

老人ホームの費用の内訳は、ざっくりいうと3つ。①本来の介護にかかる費用、②部屋と

ドイツにおける要介護度3の場合の老人ホーム費用の例

	月額費用	
介護費	1,656.98ユーロ	(215,407円)
家賃	425.27ユーロ	(55,285円)
食費などの経費	152.10ユーロ	(19,773円)
施設の修繕費など	545.73ユーロ	(70,945円)
合計	2,780.08ユーロ	(361,410円)
うち介護保険金	1,262.00ユーロ	(164,060円)
うち自己負担	1,518.08ユーロ	(197,350円)

ドイツの民間介護サービス会社、ドイツシニア基金協会よる試算値。さまざまなところから顕彰されている良心的な会社だが、それでも自己負担金が日本円で20万円近くと高額。

食事代、③その他の運営費や修繕費。それに加えて、介護アシスタントの養成のためにかかる費用を、入居者に負担してもらっているホームも多い。

②の食と住はどこにいてもかかるものなので、本来なら、介護保険の支払い対象にはならない。理屈としては、介護保険が支払うものは①の介護費だけであるが、もちろん、余っていれば②や③に回すことは構わない。

あるドイツの民間介護サービス会社の試算による、要介護度3の人が老人ホームに入った時の例をあげよう。

①にあたる介護費が1656・98ユーロ（日本円換算は表を参照）で、

②の部屋代と食事代が、それぞれ425・27ユーロと152・10ユーロ、③のホームの補修費の積み立てなどが545・73ユーロで、合計の金額が2780・08ユーロとなる。そのうち介護保険が1262ユーロを補填するので、差額が1518・08ユーロ。これが自己負担金だ。

なお、私の見せてもらった非営利団体のホームでは、要介護度1の人の自己負担金は毎月2742・38ユーロ（約35万7000円）で、要介護度2から5の人は、均一2462ユーロ（約32万円）だった。つまり、キリスト教関係の施設だからといっても、必ずしも貧しい人を対象にした経営をしているわけではないということだ。

次のグラフは、ドイツの州ごとの自己負担金の比較だが、シュトゥットガルトは、上から3つ目のバーデン–ヴュルテンベルク州の州都で、やはり、全国的に見て、高い方だ。全国平均が1830・84ユーロ（日本円換算はグラフを参照）。年金の他に、かなりの蓄えがなくては、おちおち老人ホームには入れない。

ドイツでは老人ホームは個室しか認められなくなる

Lさんの話では、プライバシーの問題があるので、ドイツではもう、老人ホームは個室し

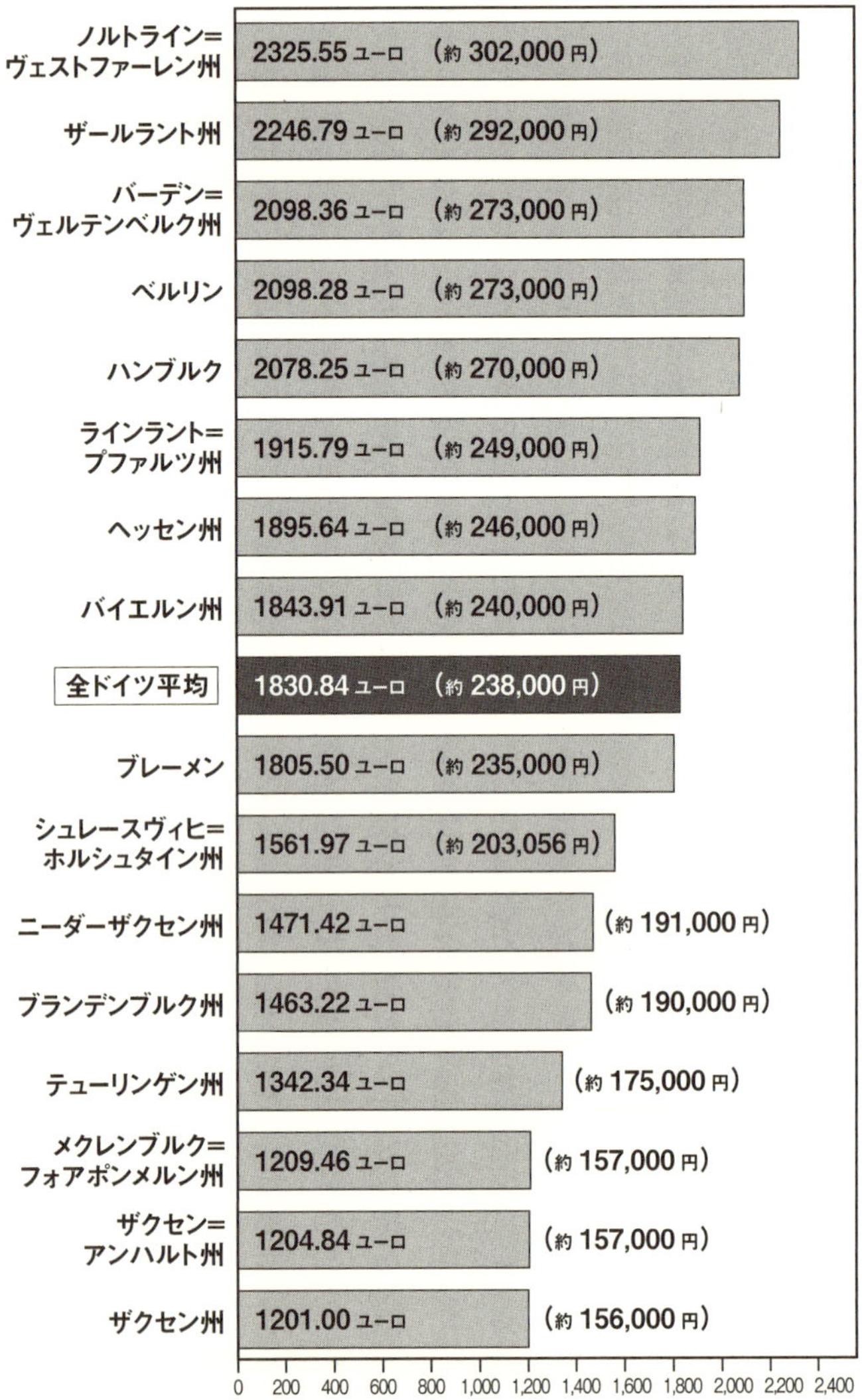

老人ホーム入居の場合の月額自己負担・ドイツの州ごとの比較　地方ごとの物価・人件費の違いなどが自己負担額の差に反映される。地域によっては、自己負担が日本円で月額30万円ほどになる。　出典：ドイツ民間医療保険協会

か作らないという。半信半疑で聞きながら、帰宅して調べてみたら、その話は本当だった。

古いホームには、まだ2人部屋があるが、2019年の9月からは個室しか認められなくなるという。しかも、1部屋につき最低14平方メートルの面積がなくてはならない。つまり、2人部屋はそれまでに1人部屋に作り直さなければならないが、それには膨大なお金がかかるし、そうなるとベッド数も減るので、多くのホームでは採算が合わなくなる。だから、強力な自治体の援助がない限り、閉鎖になる老人ホームも出るという。

なお、介護が必要なのにお金がない人のための受け皿も、もちろんある。たとえば、生活保護を受けている人が老人ホームに入る場合、ホーム代は福祉費から支払われる。

それはいいが、しかし、実際問題として、高齢者は増えるのだ。なのに、収容人数を増やすことよりも、収容されている人の住環境の改善の方をより重視した政策方針は、日本とは真逆だ。日本の福祉法人の経営している特養のホームでは、値段が安い代わりに4人部屋も多い。リーズナブルな値段で、なるべくたくさんの人を収容するというポリシーだ。

日本人は信じないかもしれないが、日本では、払っている税金や保険料の割には、人々が受けている福祉は悪くない。何よりも、福祉の精神がはっきりと貫かれていて、これに関しては、ほとんど社会主義の国のようだ。とくに医療は、あとで触れるが、最高のコストパフォーマンスが実現されていると言っても過言ではないと思う。

日本の老人ホームは、要介護3以上なら特養で受け付けてもらえ、自己負担は10万円程度で収まる。順番さえ回ってくれば、生活保護を受けている人でも入れ、ちゃんと24時間介護を受けられる。しかも、おむつ代まで施設の料金に含まれている。そして、個室ではないが、最低限のプライバシーが保たれ、できる限り快適に過ごせるようにと、いろいろな工夫もなされている。基本方針は、少々狭くても、なるべく安い値段で、たくさんの人を収容しましょうということだ。貧しい人が切り捨てられないということが、第一に考えられていると感じる。ドイツの場合と進んでいく方向が違うのは、国民性の表れなのだろうか？

ただ、その話をドイツ人に持ち出すと、私がドイツ方式を批判しているように受け取るのかもしれないが、全員が4人部屋はもとより、2人部屋も一刀両断に切り捨てる。「個室でなければ私はいやだ！」

それはわかる。私だって、いやだろう。でも、私の言っているのは、そんなことではない。「じゃあ、お金のない人で、家にいられない人はどうするの？」と言うと、「福祉費で賄う」という返事。「でも、ベッド自体が足りないのよ」と食い下がると、そこで唐突に話は終わる。

ドイツでは介護費用を最後は子供に負担させる

ドイツの医療や高齢者福祉は州の管轄なので、16ある州、および特別自治市によって、老人ホームの料金にはかなりの差が出る。前のグラフにもあるが、ホーム代が高くて、自己負担金が一番高額になるのがノルトライン＝ヴェストファーレン州で、2325・55ユーロ（日本円換算はグラフを参照）。一番安いのがザクセン州の1201ユーロ。値段の違いは、主に人件費の差、あるいは、自治体の経営している安い施設がどのくらいあるかということによる。

老人ホーム代の支払いの義務が誰にあるかというと、当然のことながら、まず、介護を受ける本人だ。介護保険や年金だけで足りない場合、本人に貯蓄や持ち株や不動産などがあれば、まず、その財産を処分して老人ホームの支払いに充てる。

財産をどこまで切り崩さなければならないかというと、残りが5000ユーロ（約65万円）になるまでだそうだ。言い換えれば、老人ホームで長生きすると、新たな収入がない限り、財産は5000ユーロに向かってどんどん減っていく。なお、毎月の年金でお小遣いとして手元に残せるのは、月々109・08ユーロ（約1万4200円）と定められている。

さて、財産が5000ユーロになったあとはどうなるかというと、今度は配偶者の財産が使われる。さらに、それも底を突けば、今度は子供の番となる。

ドイツでは、子供には親の介護費を支払う義務がある、と法律で定められている。たとえ、親と縁が切れていても、その義務は免除されない。配偶者と子供が1人いる人が、親の老人ホーム代を援助する場合、自分の手元に残せる収入は3105ユーロ（約40万4000円）だそうだ。いずれにしても、貧乏な親を抱えた場合、その介護費は、子供には大きな負担となる。

現在、一番困っている高齢者は、何らかの理由で年金の掛け金を支払っていなかったため、年金の受け取り額がすごく少ないか、あるいは、まったく無い人たちだ。そういう人は当然、介護保険料も納めていない。そのうえ、蓄えもなく、配偶者も子供もいないとなると、もはや絶体絶命となる。こういう状態になって、初めて生活保護費が投入されるが、福祉課は子供を探し出して、見つかれば、「立て替えていたお金」を請求することになる。

2014年、ある一人の男性の訴えに対して、衝撃的な判決が出たことがあった。

その男性が17歳だったとき、父親は妻と息子であるその男性を残して家を出た。父親は、以来、一度も、経済的にも精神的にも息子の面倒を見なかった。あとでわかったところによれば、父親の財産はすでに、実の息子に渡らないよう、他の人に生前分与してしまってあった。そして、いつか、その父親のお金が尽きた。

そこで、老人ホーム代にまず生活保護費が投入されたが、当該の福祉課は、その後、通常通り、息子にホーム代を請求した。40年近く生き別れても、息子は息子だ。ただ、息子にしてみれば青天の霹靂。納得がいかないとして、訴えた。ところが、息子は現在、公務員で、支払い能力があったため、裁判所は彼に父親の老人ホーム代の支払いを命じた。できるだけ多くの額を家族に負担してもらわないことには、介護保険自体が崩壊してしまうかもしれないという国家の事情もある。

ただ、同じようなケースでも、違った判決もある。やはり会ったこともほとんどない親の老人ホーム代の請求書を受け取った女性が起こした裁判だったが、彼女がシングルマザーで、しかも、子供が大学進学前でお金が必要であるという事情が考慮された。決定的だったのは、彼女が前述の公務員ほど裕福ではなかったという事実だろう。情状酌量という意味合いだ。しかし、考えてみれば、これらの決定がそのときどきの裁判官の腹積りに依るというのも何となく納得できない。

一方、長年介護士をしていた人からは、また違った話も聞いた。子供には親の介護費を負担する義務はあるが、義理の親はその限りではない。だから、裕福な夫と豊かに暮らしている人でも、自身に収入がない場合は、親の介護費を負担する義務は生じない。「なんだかんだと理由をつけて、逃げる人は多かった。今は、どうなっているかわからないけれど、当時は、ずいぶんゆるい規則だなあと思うことは、しょっちゅうあったわ」と、その元介護士は言った。

日本でも、なるべく親の介護費は子供が負担するよう行政が働きかけてはいる。しかし、強制力はないため、子供が応じない場合には生活保護費が使われる。民法730条にある直系親族間の互助を規定した条文は、特に子から親に対するものについては義務ではなく、倫理規定だというのが一般的な法解釈のようだ。どちらが良いかはわからないが、親子関係も良好なものばかりではないし、親が親としての義務を果たしていないのに、突然、子供だけが子供の義務を法的に強いられるというのも不公平な気がする。とはいえ、介護保険は火の車だし、落としどころが大変難しい。

ここまで介護のお金を見てきたが、一方、医療費についてはどうなっているのか。実はドイツの医療は、日本人がイメージする福祉国家のそれからは、だいぶかけはなれている。

第4章
医療格差社会ドイツと患者天国の日本

プライベート保険と法的強制保険という ドイツの医療格差

乾燥のためだか、アレルギーのためだかわからないが、目が猛烈にかゆくなったので、近所の眼医者に電話をした。

「うちの患者さんですか？」

「いえ、初めてです」

「医療保険は？」

「〇〇です」

「うちはプライベート保険の患者さんしか診ません」

「……」

保険医の認可を返上したか、あるいは、最初から保険診療はしないと決めた医者である。

「プライベート保険」とはお金持ちのための医療保険で、診療報酬の縛りが法的強制保険とは違うため、医者の儲けが俄然大きい。プライベート保険ではなく、私のように普通の法的強制保険に入っている人がこういう医者にかかると、当然、診察費も検査代も、全額自費負担となる。そして、それがめちゃくちゃ高い。

そこで私は、「普通の患者」を受け付けてくれる医者が見つかるまで電話をかけ続けることになるのだが、いまやそういう医者はたいてい混んでいて、予約の取れるのがひどく先になることが多い。特に専科の医者の予約は難しく、ひどい時は半年も先と言われて唖然とする。あるいは、新規の患者はもう受け付けないとはっきり言われることもある。

ただ、プライベート保険に加入している人というのは、全体の10分の1に過ぎない。なのに、その患者しか診ない医者がいるとは、いったいどういう了見かと腹が立つ。患者の病気を診断する前に、その患者の支払い能力を予診するとは、医者のモラルの低下ではないか！ ただ、よく調べてみると、この背景には、なるほどと思える理由もある。

ドイツの医療費は、1年を四半期に区切って、3ヵ月毎に計算されるが、法的強制保険に入っている「普通の患者」の場合、3ヵ月間に何回来院しようが、保険から支払われる診療報酬は一定の決まった額にしかならない。診療の科にもよるが、25ユーロ（約3300円）から40ユーロ（約5200円）の間だ。

つまり、3ヵ月に一度だけ来院する患者が3000人いたとして、それがすべて強制保険の患者なら、月々平均2・5万ユーロ（約325万円）から4万ユーロ（約520万円）の売り上げにしかならない。強制保険の患者は、保険対象の医療を受けている限り、薬代以外、基本的に自己負担はゼロだ。

ドイツでは、開業医はたいてい週に4日半しか診療しないし、年間、6週間の休暇を取るので、3ヵ月で3000人見ているかどうかも疑問だが、いずれにしても、これで家賃や人件費、とりわけ高い医療器具を買って減価償却しなければならないとすると難しい。だから、受付で篩《ふるい》にかけ、プライベート保険の患者を優先させ、また、強制保険の同じ患者が3度も4度も通ってこないよう、予約診療が徹底されている。

プライベート保険に加入している患者を診れば、法的強制保険の場合に比べて、医者に支払われる診療報酬はずっと高額となる。どれぐらい高額かというと、最高で3・5倍。患者に「こんにちは」と言っただけで、最低50ユーロ（約6500円）は入る計算だ。しかも、2度来れば、その2倍。3度来れば、3倍。いまや、多くの医者の儲けは、ひとえにプライベート保険の患者のおかげだ。これだけ収入格差があれば、プライベート保険の患者だけ診たくなる気持ちも、もちろん、わからないではない。保険医の認可を受けた医者であっても適度にプライベートの患者を診なければ、設備投資もできないというのが、医者の言い分だ。

一方、冒頭に記したように、保険医の認可を返上して、少数精鋭の診療に徹する医者もすでに多い。以前、私が通っていた婦人科も、先代が辞めて、代替わりした途端、若い女医はプライベート保険の患者しか診なくなった。ある日、予約をしようと電話をしたら、本人が電話口に出てきて、「全額自己負担でも××ユーロ程度で、大して高くないから」と説得にかかったが、腹が立ったので断った。

ただ、昨今はプライベート保険優先の弊害が無視できないほどふくれあがり、社会問題となっている。法的強制保険だと、急病になっても受け付けてくれる医者がいない。ただの高熱や中耳炎でさえそれは困る。そこで政府は法律を改正し、2019年春から、保険医は法定強制保険の患者を週に最低25時間は診療しなければならないとか、婦人科、耳鼻科、眼科では予約なしの患者を診る時間枠を週に5時間設けなければいけないとか、細かく定めた。とはいえ、誰の診療に何分かかったかをチェックすることはできないだろうから、気休め的な措置だ。なお、新規の患者を受けつけたり、予約の待ち時間を短縮したりした医者にはご褒美の報酬も出ることになった。

日本の医療保険に似ている
ドイツの法的強制医療保険制度

もっとも、法的強制保険とプライベート保険の医療格差があるとはいえ、ドイツは日本と同じく国民皆保険の国である。何人《なんぴと》であれ、医療保険加入は義務で、昔々、私が留学生としてドイツの音大に入ったときも、学費は無料だったが、医療保険に入ったという証明書だけは必要だった。これがなければ入学手続きができなかったのだ。

また、以前は、高い医療費でも払えれば問題なしということで、自営業者は保険に入る義務がなかったが、今はこれも義務となった。高額な医療が増え、しかも寿命が延びている昨今、使い切れないほどのお金を持っていた人が、病気一つで、あれよあれよという間に無一文になってしまうケースが増えたからだ。ドイツの医療費は高い。

ドイツの法的強制保険がどうなっているかというと、保険会社は100ぐらいあるが、システムは統一されている。保険料は、収入が多ければ高く、少なければ少なくなり、年齢や健康状態や家族構成は問われない。また、法的強制保険といっても役所がやっているわけではなく、あくまでも民間企業の経営なので、保険料は保険会社によって少し差がある。しかし、元々の枠組みが同じなので、それほど大きな違いではなく、どちらかといえば、保険会社同士の健全な競争を促すための措置である。

さて、収入が多いと保険料が上がると言ったが、もちろん上限はある。2018年現在、保険料の最高額は月額646ユーロ（約8万4000円）。これは、前年2017年の年収が5万3100ユーロ（約690万円）以上の人の場合だ（毎年、このリミットは少しずつ引き上げられる）。

一方、月収が1015ユーロ（約13万2000円）未満だった人は、保険料はゼロになる（自営業者の最低月収額はこれと異なる）。なお、勤め人の場合、雇用主と被用者が、保険料をほぼ折半するところは、日本と同じ。自営業の人は、もちろん、全額自分で払わなければならない。

法的強制保険制度の良いところは、保険に加入している限り、毎月646ユーロを払っている人も、全然払っていない人も、病気になれば、同じ医療を受けられることだ。重病になれば、一銭もなくてもちゃんと入院でき、手術もしてもらえ、そのあと、リハビリが必要であれば、それも保険でカバーされる。「保険の範囲内の医療を受けている限り、自己負担分はほとんどない。」

しかも、病室も、また医療も、普通の保険で得られるクオリティは悪くない。また、配偶者と25歳までの子供は、月収が450ユーロ（約5万9000円）以下なら、保険料の増額なしで扶養家族として保険に組み込まれる。子供のいる人にとっては大きな魅力だ。これだけ見ても、ドイツはしっかりした福利厚生政策が敷かれている国だということがわかる。ある意味、これは国民の国家に対する信頼にもつながる。

法的強制保険の基本的な仕組みは、保険料のすべてを保険基金といういわば一つの「連帯の鍋」に集めて、それを皆で使うというものだ。金持ちが貧しい人と、働ける人が年寄りや子供と、そして、健康な人が病気の人とお金を分け合う。そして、医者に行けば、皆が同じ治療を受ける。一つの社会で皆が助け合って生きていくためには、フェアな仕組みだと思う。

若いうちは割安なドイツのプライベート医療保険制度

ところが、ドイツには例外がある。それが前述のプライベート保険だ。これは、民間の保険会社が、法的強制保険と並行して、独自に運営している医療保険だ。ひとことで言うなら、お金持ちが好んで使う医療保険、いや、お金持ちでなければ入れない医療保険である。というのも、プライベート保険には、被用者の場合、月収が4950ユーロ（約64万4000円）以上（2018年）の高給取りしか入れないという決まりがあるからだ。

プライベート保険に加入するためには、健康診断など、少々面倒な手続きが必要だが、それらをクリアすれば、多くの特権が得られる。ただ、子供を自分の扶養者として、保険に組み込もうとすると、少なくとも3人目の子供からは割高になるので、たくさん子供を作る予定のある人はよく考えた方がよい。

プライベート保険では、加入者を引き寄せるため、加入時の保険料は安く設定してある。そこで当然、収入の多い人はプライベート保険を好む。特に、半額を事業主に払ってもらえるわけではない自営業者の場合、プライベート保険を選ぶ傾向が強い。いずれにしても、若くて健康なうちは、子供を複数作る可能性なども、まだあまり真剣に考えないし、収入の多い人にとっては、プライベート保険の方が法的強制保険よりも魅力的である。

医師への金払いがよくない法的強制保険制度

ただ、数としては法的強制保険の加入者の方が全体の9割と、圧倒的に多い。そして、そこに、貧乏人や、学生や、子沢山の人や、失業者がこぞって加入しているのだから、受けられる医療にはさまざまな制約がかけられている。

昔は、保険会社がひどく寛大で、近視用のメガネも、ほとんどタダで作れたが、今は、そうはいかない。そんなことをしていては、医療費が膨らみすぎて、保険制度自体が保ちこたえられない。そこで、先に述べたように、同じ四半期に患者がくり返し来ても、医者には一定の金額しか落ちないという規則もできた。すべては、医療費の膨張にブレーキを掛ける仕組みである。

ただ、保険会社のそういう制約があるからこそ、医者としては、患者の人数を増やさなければ、収入につながらない。だから自ずと超特急の診療になるし、「良くならなかったら、また来週来てください」などとも言ってくれない。

プライベート保険しか知らない日本企業の駐在員などは、おそらくいつもえびす顔の医者に対応してもらっていると思うが、はっきりいって、それはドイツ医療の一面でしかない。実際の医療にはかなり大きな格差ができているし、その格差はこれからますます広がっていく可能性がある。「普通の患者」としては、「まあ、大事なことを見逃されなければ、これも仕方がないか」と諦めるしかない。

いずれにしても、法的強制保険の患者を診てくれる医者は、冒頭に書いたようなプライベート保険の患者しか診ないという医者に比べて、儲けが少ないことは確かだ。ただ、プライベート保険の患者は絶対数が少ないので、保険医を返上すると、患者数が急減するおそれがある。そこらへんは難しい選択かもしれない。

プライベート保険は高齢になると保険料が上がる

プライベート保険に入っている患者は、優先的に予約は取れるし、診察の際の待ち時間もほとんどない。どこの病院でも大歓迎され、ゆっくりと話を聞いてもらえ、治療の方法に希望を言うこともできる。高い検査もしてもらえて、高い最新の薬も出してもらえて、入院となると個室で快適だ。特別食が出るうえ、手術の執刀医に偉い医者を指定することもできる。プライベート保険はステータスシンボルでもある。

ただ、プライベート保険の場合、保険料は年齢とともに値上がりしていく。もちろん、若さのみなぎっている間は、そのようなことは苦にならない。数々の特権を思えば、多少の値上がりはやむを得ないし、将来は自分の収入も上がるはずなので大丈夫と、皆、そう思う。

なお、興味深いのは、プライベート保険の加入者のほぼ半分は公務員であることだ。なぜか？

国家は、公僕である公務員の健康管理に責任を負う義務があるため、公務員の医療保険費は、全面的に補助される。ほとんどの公務員がプライベート保険の加入者であるのは当然の帰結だ。つまり、ドイツの税金は、公務員の贅沢のために一部、安易な使われ方をしていると私は思っている。

しかし、プライベート保険の加入者の中には、年をとるにつれて、毎年値上がりする保険料にため息をつく人が増えてくる。特権は長年受けてきたので当たり前だが、保険料の値上げは苦痛だ。ましてや、若い時に想像したほど年収が上がらず、最後に収入が年金しかなくなってしまった人にとっては、プライベート保険は大きな経済的負担となりかねない。

ただ、よく考えてみるまでもないが、年をとってからの高い保険料は、若くてしっかり稼いでいた頃に安い保険料しか払っていなかったこととの相殺でもある。彼らは、若くて潤沢な収入を得ていた頃、貧しい人、子沢山の人、病気がちの人と自分の富を分け合わずにすむよう、意識的に「連帯の鍋」を回避した。だから、今頃になって文句を言えた義理ではない。

医療保険制度が2つあることの弊害は大きい

そこで、当然のことながら、プライベート保険の加入者が、年をとってから法的強制保険に戻ることは、基本的に禁じられている。以前、この規制がなかった頃、多くの人が年をとってから法的強制保険に逆流し、「連帯の鍋」が焦げ付いてしまったことがあったからだ。

今では、とくに55歳を超えると、法的強制保険に戻ることはほとんど不可能となっている。保険料を支払えなくなると、容赦なく追い出されるのがプライベート保険の特徴でもある。

そうなると、未保険の状態になってしまう。

その場合の唯一の自己救済の方法は、配偶者の扶養家族となって、法的強制保険に組み込まれることだそうだが、法的強制保険に加入している配偶者がいないとこれもできない。

私は、医療保険によって格差ができるような制度は、良い制度だとは思っていない。子沢山の人たちや低所得者が、ほぼ全員、法的強制保険に加入して、その医療費をお金持ちの抜けた加入者が皆で負担しているというのは、どう考えても不平等だ。はっきりいって保険ではない。本来なら、各自が経済力に見合った保険料を負担し、それを皆で平等に分けるというのが、近代の福祉国家のあるべき姿だろう。それに非常に近いことを達成しているのが、日本の医療保険である。

子供と若者に手厚い
ドイツの医療保険制度

ドイツでは、子供は胎児から18歳まで医療や検診や予防注射はすべて無料だ。子供は、薬も自己負担なし。避妊用のピルまで、18歳以下には無料で処方、および支給される。未成年が、お金がなくてピルを買えずに妊娠してしまっては困るからだ。

また成人も、出産や産前・産後の検診なら、すべて無料。出産以外でも、保険診療の範囲なら1セントもかからない。インフルエンザの予防注射も無料だし、重病で入院し、手術をしても、個室を希望したりしなければ、自己負担は一切無し。

ドイツでは私立の学校はほとんどなく、公立学校は学費が無料なので、子供を産み、育てるのに、日本ほどお金がかからない。それぐらいしないと、少子化はますます進んでしまうという施政者の危惧が、こういう政策を取らせている。もっとも、そこまでしても、なかなか出生率は上がらないというのが、現状なのだが……。

2013年以降、ドイツの出生率は徐々に上がり始めた。これは、この頃から、難民の数が増え始めたことと関係している。2015年には年間で100万人近くも難民がやってきた。イスラム教の人たちは、子供をたくさん産むため、2017年の出生率は急激に増加した。2017年、新生児の母親の5人に1人は外国人だった。幾つかの自治体は、これで人口減少を食い止められるかもしれないと喜んでいる。

ただ、難民のおかげで出生数はあがっても、医療保険を一度も払ったことのない人たちの医療費が、すべて保険に覆いかぶさってくるわけだから、保険の収支が不安定となる可能性はある。彼らが収入を得て、医療保険の鍋を潤わせてくれるまでには、まだまだ何十年もかかるはずだ。あるいは、永久にそうならないかもしれない。

2015年のピークは過ぎたものの、今も、年間20万人ぐらいの難民が入っている。毎年、ドイツの中都市2つ程度の人口が増えている計算だ。当面、その彼らが皆、医療保険のみならず、生活保護、教育など、あらゆる政策に全面的におんぶすることになる。ドイツの医療が国民皆保険制度を保ち、その他のあらゆる負担にも耐えられる社会保障制度を確立していくためには、将来、さらに構造改革が必要になるかもしれない。

2018年2月に、ドイツで掛かった1日あたりの医療費と介護費が、ついに10億ユーロ（約1300億円）を超えたというニュースがセンセーショナルに伝えられた。1年間の総額が3741・6億ユーロ（約48・6兆円）。前年に比べて5％増しだ。

連邦統計庁がその原資の内訳を発表したが、それによると、公金が161・5億ユーロ（約2・1兆円）、法定強制保険から2123・7億ユーロ（約27・6兆円）、介護保険から395億ユーロ（約5・1兆円）、法定年金から46・3億ユーロ（約0・6兆円）、労災保険から58・1億ユーロ（約0・8兆円）、プライベート医療保険から316・3億ユーロ（約4・1兆円）、雇用者の負担として156・1億ユーロ（約2・0兆円）、個人の支出484・5億ユーロ（約6・3兆円）となっていた（Handelsblatt紙）。

日本の医療保険制度はどうなっているのか

さて、日本も国民皆保険の国だ。国民皆保険制度は、1961年より導入されている。だから、不法滞在者でない限り医療保険制度に組み入れられているはずで、お金持ちでも、貧乏人でも、または外国人でも、病気になれば分け隔てなく医療が受けられる。

世界中を探しても、日本ほどあらゆることにおいて階級のない社会はないため、私たちはこの医療保険制度も、当たり前のものと認識している。日本では、払っている金額に対して、受けられる医療は非常に質が良いが、それも日本人にしてみれば当たり前で、どちらかというと、文句ばかりが出る。

日本の医療費は、約50％が保険料収入（被保険者の負担分と事業主負担分の合計）、約40％が国と地方の公費、そして、残りの約10％が患者の自己負担分で賄われている。医者にかかったときの自己負担分は、未就学児は2割、それ以外の70歳未満は3割、70歳から74歳は2割、75歳以上は1割だ。

子供や74歳までの成人が、2割、および3割の自己負担をしているのに、医療費全体での患者自己負担率が1割程度というのは、不思議なほど少ない。つまりそれは、主な患者層が、1割しか自己負担をしていない75歳以上の高齢者だということにほかならない。

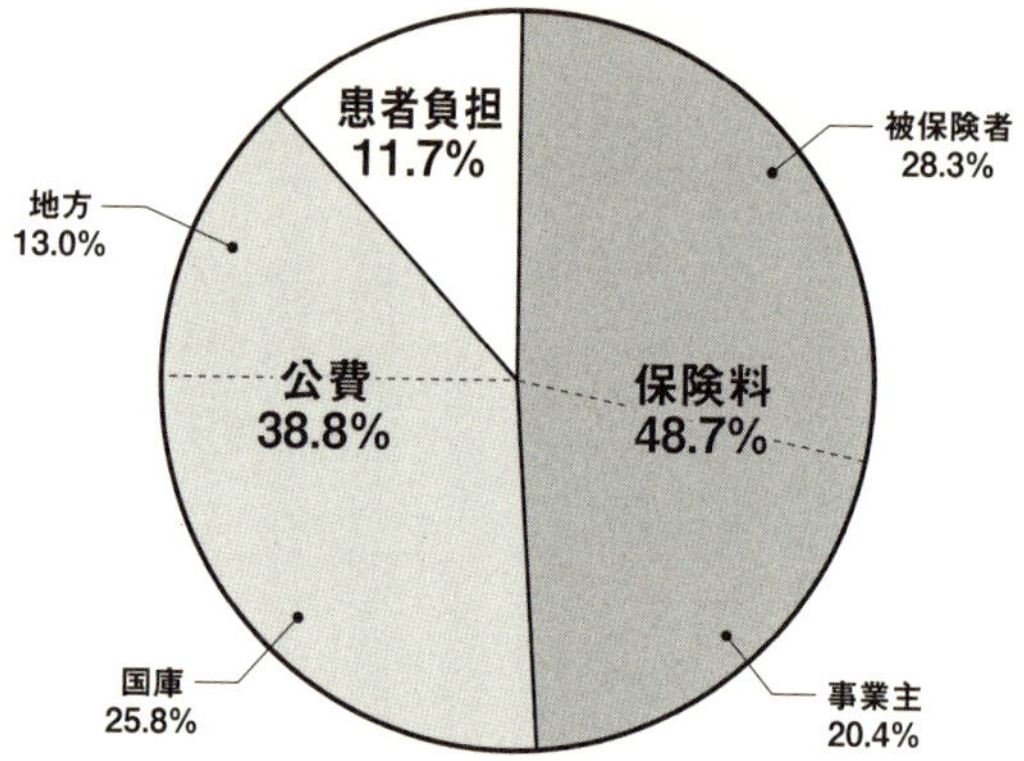

日本の国民医療費の負担構造（財源別、2014年度） 日本の医療費の約4割は公費で賄われている。現在、日本の財政均衡はマイナスなので、公債により一部が支払われていることになる。

また、その他にも「高額医療費制度」があり、医療費が自己負担限度額を超えた場合、手続きをすれば、それが払い戻されることも影響している。繰り返すようだが、日本人は、厚い福祉で守られている。

２０１５年度の日本の医療費総計は42・３兆円だった。そのうち65歳以上の高齢者の分が23・５兆円と約６割を占める。75歳以上の後期高齢者の分は15・２兆円で全体の約36％。１人あたりの医療費も、74歳以下では年額約24・６万円なのに対し、75歳以上は約92・９万円と４倍近い。つまり、高齢者にはふんだんに医療費が注ぎ込まれている。しかし、これは言い換えれば、たくさん保険料を負担している若い世代が、かなりないがしろにされていることでもある。

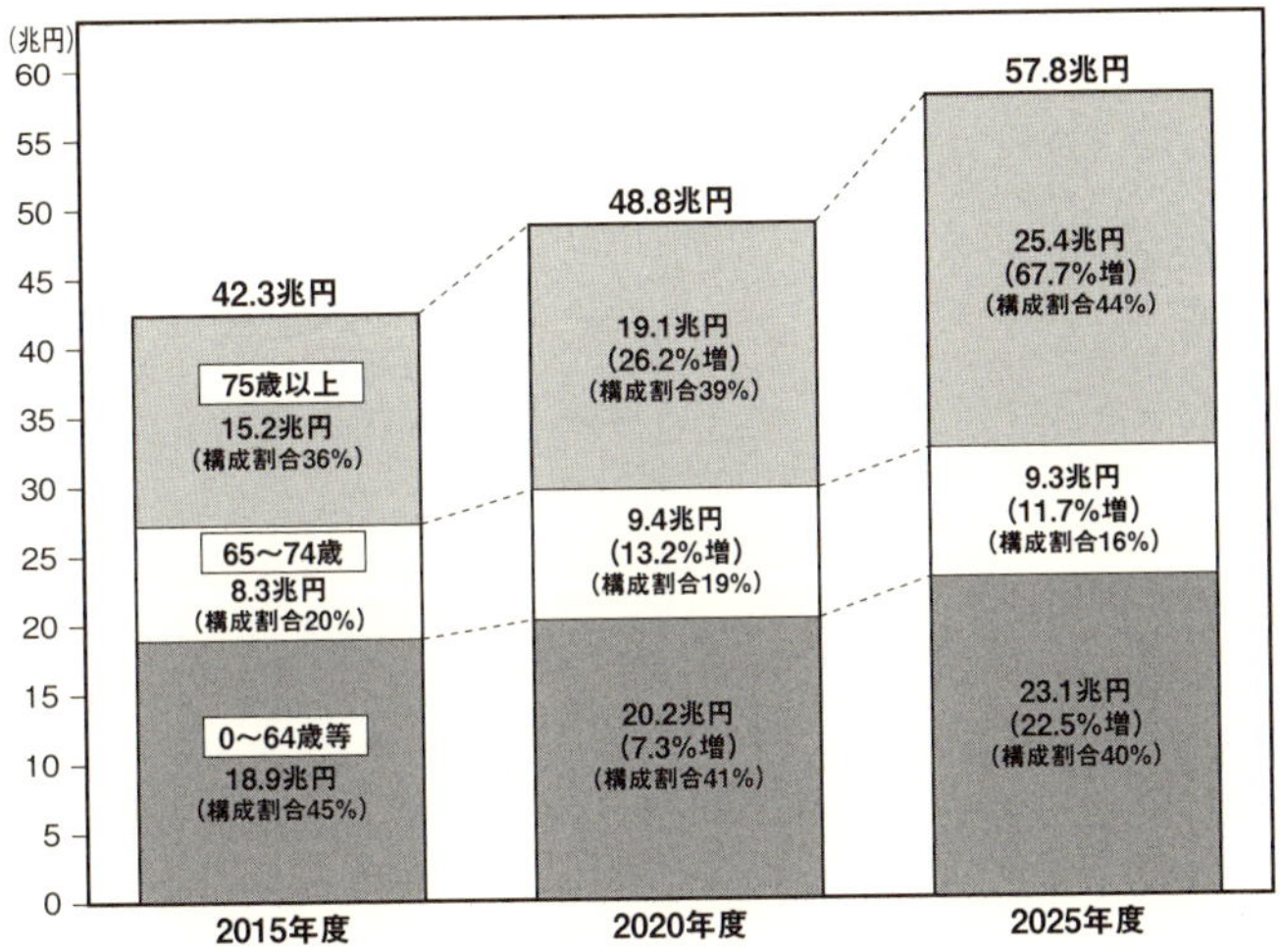

国民医療費の現状と将来推計　2025年の医療費は、2015年の1.4倍近くまで伸びる見込み。そのほとんどが、後期高齢者の分の増加によるもの。

出典：健康保険組合連合会

「2025年問題」というのが重大危機として認識され始めて、すでに久しい。医療と介護の世界にとっても、どうにかこれまで通りに持続できるか、あるいは、もろくも崩壊するかの瀬戸際となる。しかも、2025年は、すぐそこまで迫っているのだ。

いうまでもなく、2025年には団塊の世代が後期高齢者となるため、医療費が爆発的に増えることが予想される。健康保険組合連合会の推計によると、2025年の日本の医療費は57・8兆円と、2015年から4割近く増加する。そして、その増加分のほとんどが後期高齢者の医療費で、高齢者の医療費に限ってみれば、7割近くの増

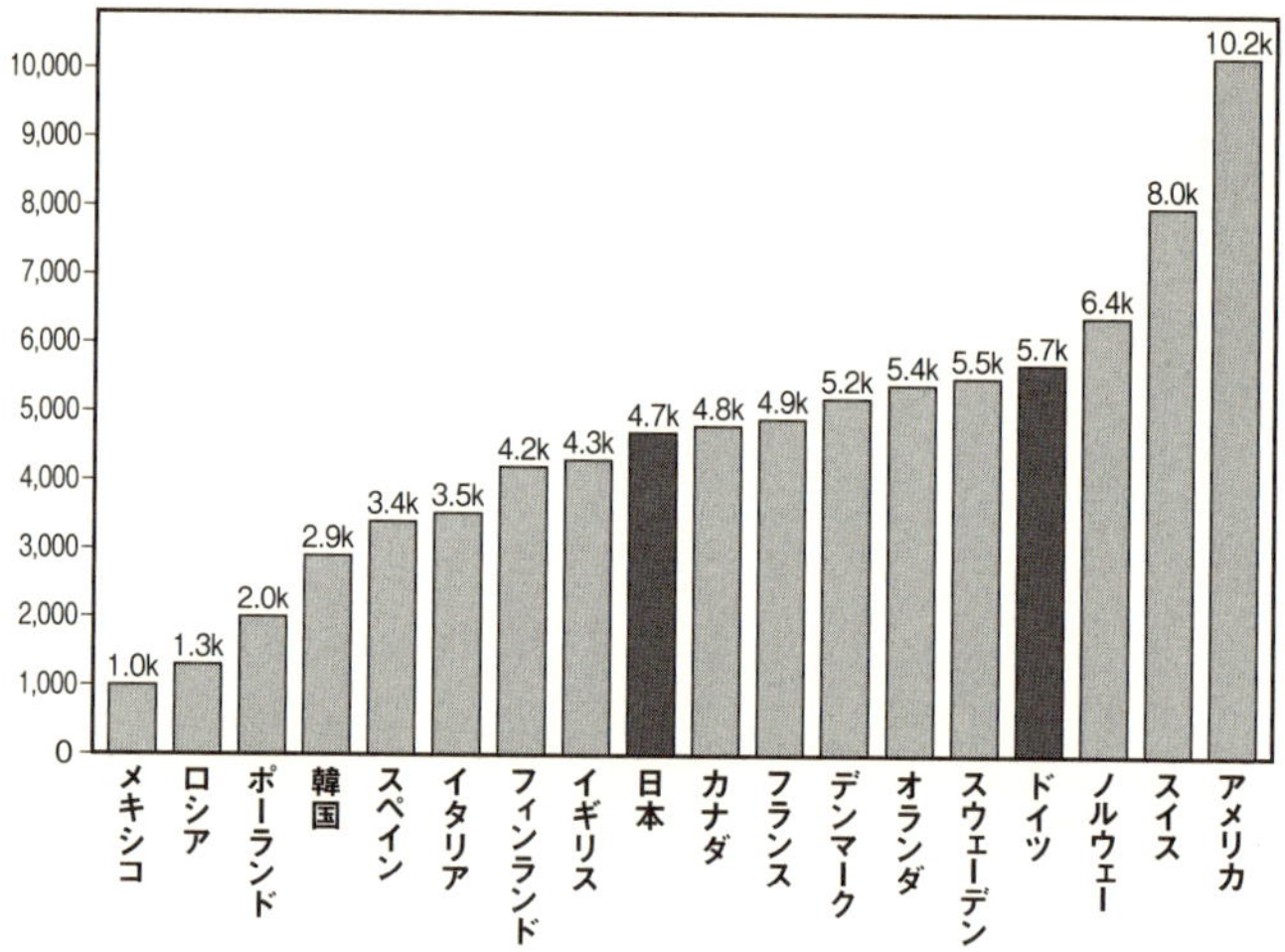

人口1人あたりの年間医療費（米ドル） 各棒グラフの上にある「k」は1000ドルの意味。日本の高齢化率は各国の中で突出して高いが、にもかかわらず1人あたり医療費は非常に低く、その医療保険は国際的に高く評価されている。　出典：OECD

加となる。当然、医療保険料を値上げしなければやっていけないが、その一方で、それを払い込む現役世代の人口は減少するのだ。

つまり、日本の医療保険が持続可能な形になっているかは、大いに疑問だ。勤労者が保険料負担の重さに押し潰されてしまっては、元も子もない。

一方、日本の医療保険の制度や医療そのものに不備があって、無駄遣いしているかといえば、決してそうではない。これだけ高齢化が進んでいるのに日本の国民1人あたりの医療費やGDPに占める医療費の比率は非常に低い。

OECDのデータによれば、ドイツの医療費は国民1人あたり5728ドルであるのに対し、日本は4717ドルとされている（ともに2017年）。それでいて、あとで述べるように、日本では、ドイツなどに比べると医療へのアクセスが非常に良い。大病院にかかるのにも、風邪などでクリニックにかかるのにも、制限がほとんどない。これは、日本の医者や看護師など医療関係者が、少ない人数で、長時間労働に耐えて頑張っているからだ。日本の医療の現場に、削ることができる無駄が、これ以上、そう多くあるとは思えない。

日本の患者は恵まれすぎ。医療従事者へしわ寄せが…

医療やら介護というと、理想として北欧がよく取り上げられる。日本の福祉関係者や、社会主義的な政体を良しとしている人たちが理想としてよく挙げるのが、デンマークだ。デンマークは、「世界で最も幸せな国」のランキングでも、常に上位に入っている。

デンマークとドイツにあって、日本にないのが、ホームドクター制度だ。デンマークやドイツでは、病気になったとき、直接、大きな病院には行けない。まずは、ホームドクターか、専科の医者に診療してもらい、必要があると認められれば、大きな病院や、他の専門クリニックへの紹介状がもらえる。

なぜ、こういうシステムになっているかというと、皆が大病院を訪れると混雑するし、そもそも大病院の設備は軽症の人のためのものではないからだ。つまり、ホームドクターはいわゆる篩《ふるい》の役目を果たしている。

ただ、問題は、まず、ホームドクターの予約がなかなか取れないこと。そして、そのハードルを越えて、ようやく紹介状をもらっても、大病院や専門クリニックはどこもさらに混んでいて、ひどいときには2ヵ月先、3ヵ月先にしか予約が取れない。しかも、状況は年々ひどくなっている。

デンマークの医療は税金で賄われている。高齢者は増え、さらに昨今では難民も増えたため、医療費は増える一方だが、しかし、いくら福祉大国といえども、すでに最大70%となっている国民の税負担をこれ以上増やすわけにもいかない。結局、必然的に医療サービスの質と量が低下してくる。そして、それが今、多くの人の不満の元となっている。

そこで、何が起こるかというと、国の医療制度に縛られない自由な診療を望む人が増える。自由診療の病院はドイツのみならず、デンマークにも存在する。そういう病院では、待ち時間は少ないし、設備も良い。それに、たとえば普通の診療では毎回はしてもらえない検査も好きなだけしてもらえる。ただ、当然のことながら、診療報酬がとても高い。

そこで、それをカバーするための医療保険の登場となるわけだ。それが、プライベート保険で、病院の診療費はもちろん、自己負担割合の大きい歯科診療や、医薬品代も、まとめてカバーしてくれる。

ただ、豊かな国民が私立病院に流れるとすれば、それを払える人と、払えない人の間で、医療の格差が広がり、「ゆりかごから墓場まで」という福祉大国のユートピアは静かに崩壊していく。医療の格差は、アメリカほどではないが、すでにドイツでも見え始めている。そして、いずれそれは医療の格差にとどまらず、貧富の格差に向かうだろう。

それに比べて日本では、医療保険料は比較的安く、誰もが大病院に行くことができ、しかも自己負担分も低い。有名な医者を希望するなら、待ち時間さえ我慢すれば、それも叶う。支払っている保険料を鑑みれば、日本人が受けている医療サービスの質は、奇跡ともいえるほど高い。

それは平等で、素晴らしいことだが、しかし、その分、大病院の混雑が進む。だから最近では、紹介状がなければ予約が取れなかったり、予約無しの場合、追加料金がかかったりと、パンク状態を緩和するため多少の防御措置は取られているが、それでもまだ追いつかない。そして、その分、いろいろなところに負担がかかっている。

一番、負担がかかっているのは、やはり大病院の医師や看護師など、医療関係者だろう。日本では、そうでなくても、医師や看護師の数が、他の先進国と比べると格段に少ないのだ。

だから、多くの大病院では、待合室にいるすべての患者を診るために、医師が残業代も出ないのに、昼食も取らずに頑張っている。そんな先進国は、日本以外、世界中のどこを探しても絶対にない。

ドイツでは、大病院の医師は開業医に比べて経済的には劣るが、しかし、勤務時間は決まっているし、それが延びることは、外科の手術か救急以外ではあまりない。また、病院勤務であろうが、開業医であろうが、医者も他の就労者と同じく、6週間の休暇はちゃんと取る。だから、入院中に、突然、今までの担当医が休暇でいなくなるということもあるが、皆、それが当たり前だと思っている。ドイツでは、休暇は神聖だ。

それどころか、ドイツでは、どの業種でも分業が徹底しており、それは病院でも同じ。大した手術でない場合、診療した医師と、執刀医が違うということも稀ではない。私も、昔、手術を受けたことがあるが、麻酔をされたので、今でも、誰が執刀したのか知らない。もちろん、プライベート保険の患者では、こういうことは起こらないだろうが。

いずれにしても、日本のシステムが持続可能かというと、2025年問題の解決策を真剣に考えない限り、おそらく難しいのではないか。これ以上、医療関係者にしわ寄せを押し付けることはできない。医療保険の構造改革も必要だが、人々が考え方を変えることが、何よりも重要なことだと思われる。

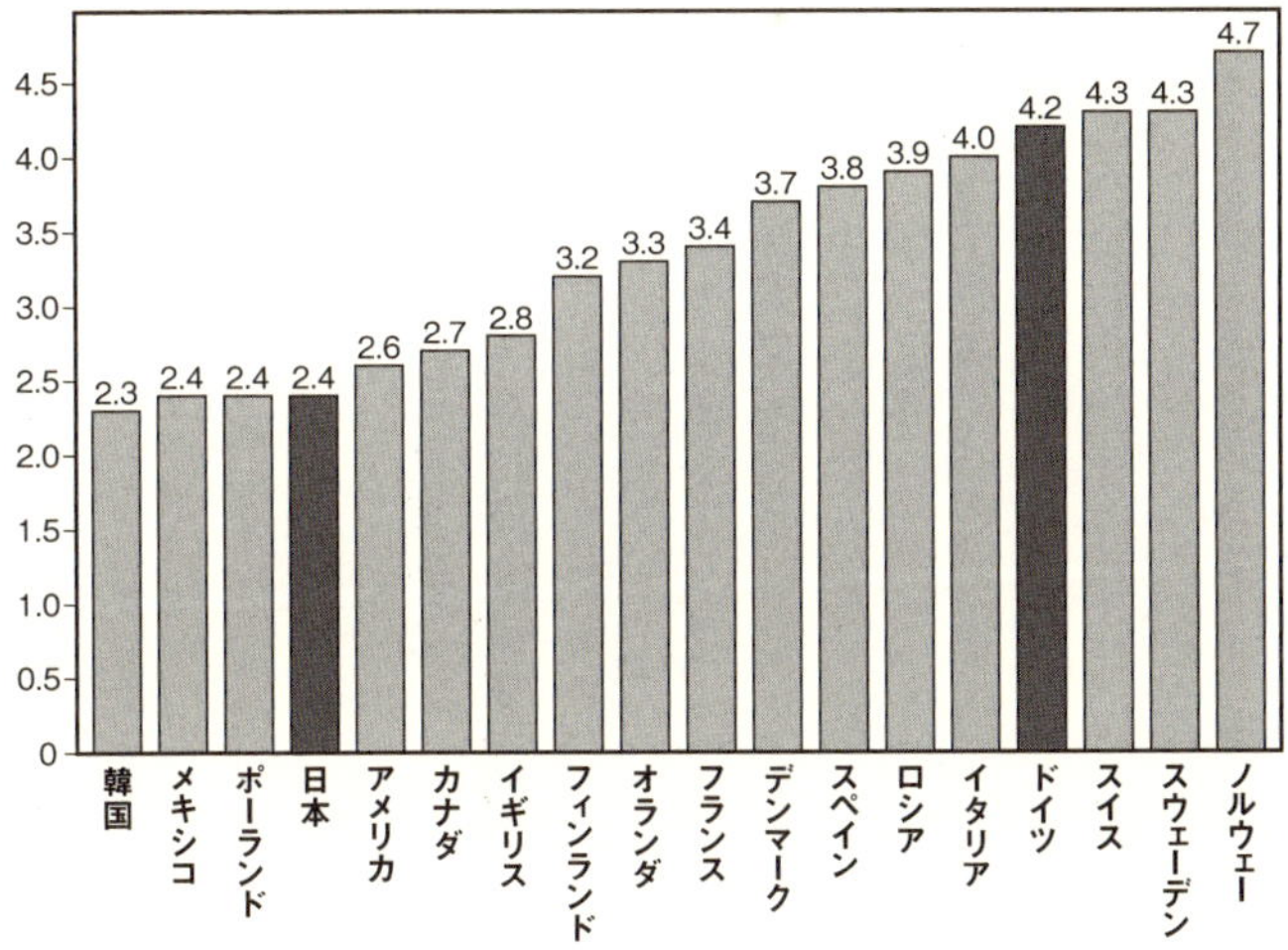

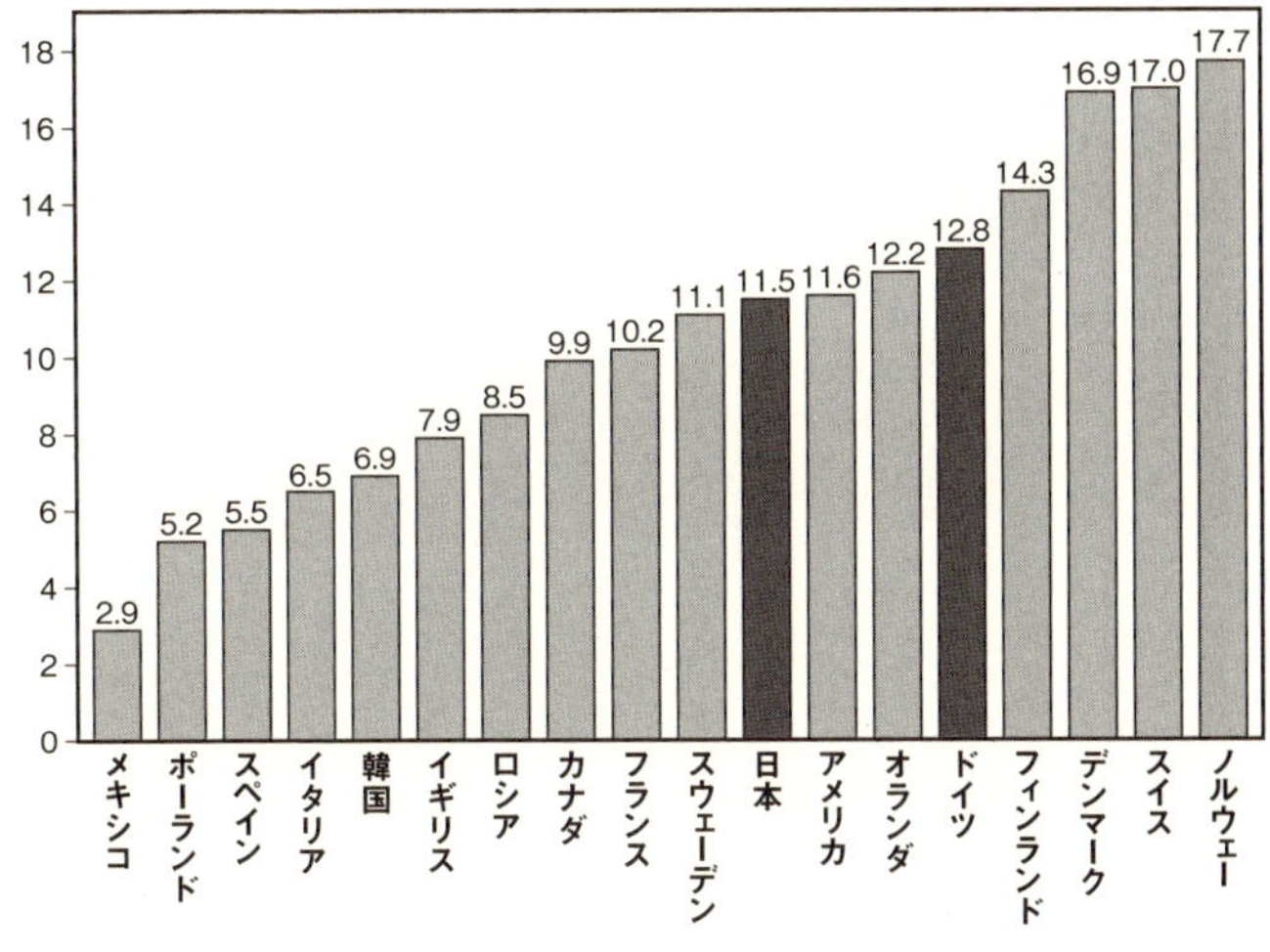

人口1000人あたりの医師数（上）および看護師数（下）の国際比較　日本の医師・看護師の数はドイツと比べて少ない。特に医師の数はドイツの半分ほど。にもかかわらず高度で誰でも容易にアクセスできる医療が、安価に提供されており、医療従事者に過大な負担がかかっている。　出典：OECD

第5章 北欧の福祉は本当に理想的か？

北欧モデルの医療費収支
非民営路線の

デンマークでは、医療は税金によって賄われていることは前章で触れたが、介護も同様に税金で賄われている。医療費は、ほぼ85％が税金から支出され、自己負担は10％強。国民は、医療保険料は支払わず、税金として納める。これはスウェーデンも同様だ。

一方、ノルウェーとフィンランドでは、一部、医療保険からも支払われているが、やはりほとんどが税金。つまり、医療や介護に関しては私立病院や私企業には任せず、公的機関が手綱を握るというのが、北欧モデルといえそうだ。

ただ、当然のことながら、これらの国では税金が非常に高い。デンマークの消費税は25％だし、ある程度の所得があれば、その半分ほどが所得税として徴収される。さらに他の社会保険料もあるので、最終的に収入の7割ぐらいは国に持っていかれる計算だ。つまり、単純に医療費が無料とか安いというわけではない。病気になろうがなるまいが、医療費の原資を、皆が税金として予めしっかり納めていると考えるのが正しい。

デンマークの在宅高スペック介護政策

デンマークで、介護が必要となった高齢者がどうなっているかというと、よほどのことがない限り、基本的に全員、在宅介護となる。

政府は、高齢者の在宅介護を続けるためなら、どんな苦労も厭わない。介護士が大々的に投入され、自治体には、すべての高齢者が自宅に留まれるよう、生活環境を整える義務が課せられている。

介護士の基本的な役目は見守りだが、さらに食事を運んだり、寝たきりの人の場合は、おむつを取り替えたり、体の向きを変えたりする。必要とあらば1日に何度も、たとえ夜中でも来てくれる。医療が必要な人の場合は、定期的に医者も来る。要するに、介護と医療が連携しつつ、膨大な数の訪問介護士が働いている。

基本方針は、自宅にいる高齢者に対して、常時、「大丈夫！　できないことは、私たちがやってあげますよ」という力強いシグナルを発しながら、できることは自分でやってもらうこと。これが、結局は、高齢者の自立を促すという考え方だ。

費用は税金から出すのだから、介護士の賃金も一定水準を保て、人手不足も抑えられる。公の機関が指揮をとっているからこそ可能なことだ。民営なら、なかなかこうはいかない。

とはいえ、デンマークの政策が、最初からすんなりとこの形に落ち着いたわけではない。実は1960年代、高齢化率が10％を超えた時点で、デンマークは老人ホームをたくさん建設した。福祉国家の自負もあり、老人ホームの自己負担費用は、なるべく年金で支払える範囲に抑えた。日本の特養と同じだ。しかし、その結果、国庫の負担が膨れ上がった。これではやっていけないということに気づいて、大々的な政策の転換を図ったのが、20年後の80年代。

そこで編み出されたのが、高齢者の利便を損なわないようにしながら、できる限り在宅介護にするという現在の制度だった。もちろん介護士の人件費はかかるが、それでもこのほうが、老人ホームでの介護よりも、国庫に対する負担はずっと少ない。試行錯誤の末に完成した北欧モデルである。

北欧の国々の政策は、長期を見通すものが多い。ノルウェーなども、あれだけたくさん天然ガスを持っているというのに、自分たちの電気はすべて水力で賄い、天然ガスは輸出に回し、そのお金を使って全世界で投資を行い、天然ガスが枯渇した後も、未来永劫、子孫が困らないようにと考えている。政治家のそういう先見の明を信じ、自分たちは裏切られないという確信もあってこそ、国民は高額な税金に耐えていると言って良い。

長期計画を立てる才能というか、欲求のようなものは、おそらく彼ら北欧人のＤＮＡの中に組み込まれている。何千年もの間、長期計画なくしては、次の春まで生き延びられないほどの過酷な自然の中で暮らしてきたのである。だから、彼らは夢見るようなことは決して言わない。そして、うまくいかないとわかると、速やかに修正する。

彼らがいかに現実的であるかという興味深い例としては、スウェーデンでは、口から食べられない人に胃ろうを行うかどうかの基準は、「その患者が、また普通の生活に戻り、働けるようになるかどうか」だという話。胃ろうというのは、咀嚼ができない人のおなかに穴をあけて胃に直接管で栄養物を流し込むことなので、日本ではいわば延命治療という認識だ。しかし、スウェーデンでは、再び自立生活に復帰するための治療として胃ろうを行う。つまり、単に延命だけの患者に胃ろうはしないということだが、こういう定義は、ドイツや日本ではなかなか言い出しにくい。

ドイツも日本もデンマークの真似はできない

日本とデンマークのメンタリティの違いは、ドイツとデンマークよりもさらに大きそうなので、これらの北欧モデルを日本と比較したり、ましてやそのまま日本に導入しようというのは無理な相談だ。北欧は医療費が無料だとか、介護が理想的になされていると喧伝されることは多いが、前述のように、国民が支払っている税金の高さが日本とは雲泥の差だ。医療費は、病気になろうがなるまいが、すべての人が税金として前払いしている。日本人が、本当にそのような高負担制度を欲しているかどうか、はなはだ疑問である。

日本でもドイツでも、年をとってもなるべく自宅で過ごしたいという人は多い。そういう意味では、このデンマーク型の介護制度は理想に見えるかもしれない。ただし、デンマークをはじめ、北欧では、子供との同居は元々まれだ。子供が巣立った後、人々は、二人で、あるいは一人で暮らしている。それは、要介護になっても基本的に変わらない。

ドイツのテレビでも、時々、北欧のそういう状況が紹介される。カメラの前の老人の姿は知的で、車椅子に座っていてもシャキッとしていて、しかも心が充実しているように見える。周りは美しい自然で、家の中はさっぱりと片付いている。そんな理想的な環境の中で、彼らは、「一人でもちっとも寂しくない」と、見事に自分の人生を語る。

しかし、そういう映像を見るたびに、私はどうしても、「今日はそうでも、明日は？」と考えてしまう。

たとえ介護士が1日に何度も来て世話をしてくれるとしても、1回の滞在時間はせいぜい20分ぐらいだろう。親しんだ環境で、これまで通りの生活を継続させ、高齢者の自己決定を尊重し、皆で支え合うという北欧方式は耳に心地よいが、それ以外の時間を、高齢者が自宅で一人きりで、どう過ごしているのかと考えると、よくわからなくなる。とくに、本当に寝たきりになってしまったときは？　北欧礼賛の報道では、そこらへんがすっぽり抜け落ちているという感が否めない。ましてや、これが日本人に向いているとは、なかなか思えない。

それどころか、孤独を愛するお国柄のデンマークでさえ、もう家に一人でいるのは嫌だという高齢者が出てくるという。ただ、そうなっても、デンマークでは老人ホームは数が少ないうえ、医師の承認無しには入れない。しかも、どうしても在宅介護ができない人が優先的に収容されるため、まだ一人で家にいられる高齢者にとって、老人ホームは狭き門だ。民間の老人ホームもあるが、こちらは値段が高すぎて、違った意味で狭き門となる。福祉の整っている国では、国民はそもそも老後のための蓄えなどあまりない。日本のように、潤沢な貯蓄を持っている高齢者が少なくない国とは、事情がまったく違う。

いずれにしても、日本が北欧モデルなどを採用すれば、長い歴史に育まれた性格の違いが出て、多くの人が早々に孤独に耐えられなくなるような気がする。日本人は、狭い国土で老いも若きも肩を寄せ合って過ごしてきた。北欧は、人口密度が希薄で、もともと人々が自然の中で孤独に暮らしてきたという背景がある。誰もが日本人よりも孤独に慣れ親しんでいる。

また、自己責任についての考え方にも大きな差がある。たとえば、日本のデイサービスの送迎は、ゆっくり歩いてこられる人も、皆、まとめて送迎車で運ぶ。本来なら、歩く方が健康にも良い。ただ、途中で転んだらなどという問題があるため、大事をとってしまう。「転ばぬ先の杖」は、日本では他の多くのことにも現われている。

ところが北欧モデルでは、自己責任の度合いが高い。高齢者は、家に一人でいる限り、常に何かが起こる危険と隣り合わせだ。転倒する可能性も、もちろん高い。しかし、北欧では、事故は起こりうることとして容認されている。転倒してもすぐに助けに行ければよいという考え方だ。助けに行けなければ、それは仕方がない。それよりも、高齢者の自立と自由が優先される。そして、採算性も。日本は、北欧型の介護を理想視しすぎている嫌いがある。「転ばぬ先の杖」を徹底していけばいくほどお金がかかるのは当然のことだ。もちろん、人手もかかる。リスクマネジメントは、どこかで線を引かなければいけないが、日本人はその線の引き方があまりうまくない。このままいけば、福祉にかかる費用は、どんどん膨らんでいくだろう。

北欧も高福祉の維持は困難。日本は学びつつ別の道を

現在、ますます進んでいる高齢化は、理想に向かっていたはずの福祉制度さえも瞬発で破壊してしまいかねないほどの力がある。だから、北欧も必然的に、少しずつ、その理想を切り崩しかけている。私立の病院や私立の高級老人ホームが増え始めたのも、その帰結といえる。

日本の行政の欠点は、外国の制度の利点ばかり見ようとすることだ。北欧型の在宅介護制度も、最初の頃は、介護士が利用者のために買い物をし、利用者の家でご飯を作った。それがやっていけなくなり、食事は温めるだけになり、清掃は外注になった。

そういう経緯を見たのか、見なかったのか、日本の多くの自治体でもようやく今になって、これまではヘルパーが利用者の家でしていたご飯作りを、給食を運ぶという方式に変えつつある。なぜ、同じ間違いをもう一度なぞらなければならなかったのか、そこがよくわからない。

一番大事なのは、いかにすれば日本人の気質に合った、持続可能な日本モデルを作れるかということだ。そこでは、日本人の気質とは何かということが、自ずと問われてくる。それはおそらく個人主義ではないだろう。

日本人は、西欧人が「自由だ」、「自己決定権だ」と息巻くところに、それほどこだわらない。元々、孤高に自然と対峙する遊牧民でも、狩猟民でもなかった。皆で話し合って水を引き、力を合わせてお米を作ってきた民族だ。少々不便でも「皆で決めたのなら、それでいいよ」と考える。

だから、今はまだ、「老人ホームに入るぐらいなら家で孤独死したほうがまし」と思っている人も、体がいうことを聞かなくなってくると、それほど頑張らない可能性が高い。だとしたら、たとえ北欧のようにシャープではなくても、少しずつ譲り合いながら利用する、質素で柔軟な、寄り合い所帯風の介護施設を作ればよいのではないか。そうすれば、誰も寂しくないし、採算も取れる。北欧モデルというのは、極端なモデルだ。遠い外国の極端なモデルを羨ましがる必要は何もない。

第6章 医療・介護に市場原理を持ち込んだドイツ

ドイツでは90年代に病院も老人ホームも市場原理に

90年代、ドイツには民営化の嵐が吹き荒れた。東西ドイツの統一で疲弊していたドイツは、景気がとことん落ち込み、失業者が増え、ＥＵの病人と呼ばれていた。景気を立て直すには、社会福祉を切り捨て、どうにか経済を回復させなければならない。そこで、切り詰められるものは切り詰めた。郵便も、鉄道も、民営化された。

病院や老人ホームも民営化の末、多くが大企業に買収された。それにより、病院と老人ホームはその体質を変え、経営が市場経済に委ねられた。言い換えれば、医療と高齢者介護がビジネスとなったのだ。現在、ドイツの公立病院の数は全体の30％で、あとは私企業と公益法人がそれぞれ35％ずつとなっている。

一方、老人ホームや介護サービス施設は、ドイツ赤十字、または、ディアコニーとかカリタスといった教会組織、労働者の互助を目的とした福祉施設など公益法人が運営しているものが約半数。あとの半数は私企業だ。私企業が営利を目的とするのはもちろんだが、しかし、公立や公益法人であっても、採算を無視して良いわけではない。少なくとも、赤字にはしないよう、努力しなければならない。

病院の利益向上のため必要ない手術が行われている

では、私企業となった病院や老人ホームは、より利益を上げるために何をしたか？

2016年4月、ドイツのニュース週刊誌FOCUSに「過剰な手術　医者が次のような手術を勧めたら注意」というタイトルの記事が載った。ドイツで手術が多いのは、実は有名な話だ。

この記事のリードには、「統計によれば、毎年、ドイツ人の5人に1人が手術を受けている計算になり、さらに増加の傾向。しかし、すべての手術が医学的に必要なわけではない。幾つかは害さえもたらす」とある。最近は、日本でもこういう指摘は多い。

外科手術は診療報酬が大きいので、病院にとって利幅が厚い。簡単に言うなら、手術はすればするほど儲かる。その結果、2016年、ドイツでは、1675万5574件もの外科手術が行われた。ＯＥＣＤの比較においても、これほど多くの患者にメスが入れられている国はないという。ちなみに、手術の多さに警鐘を鳴らす本も多々出ている。

他の国に比べて、ドイツで特に多いといわれるのが股関節の手術だ。２０１６年の手術件数は23万３４２４件。もちろん、私の周りを見回しただけでも、すでに人工関節の入った人はたくさんいる。

この手術は、患者によっては絶大な効果を発揮し、それまで足を引きずっていた人が、またジョギングができるようになったりする。そのうえ、病院にも大きな収入をもたらすのだから、言ってみれば一石二鳥。将来も増えることはあっても、減ることはない。

ただ、だからといって、手術を受けた全員にそれが必要だったかというと、それは別の話。また、州によって手術の頻度が大きく異なるというのも、興味深い現象だ。医療や介護は、すべて州の管轄。当然のことながら、手術の頻度、診療報酬にも、医学だけでなく、政治の力、あるいは、医療器械や医薬品ロビーの力が絡んでくる。

ここらへんの事情は、何の症状もない人の胃の中まで、定期的に覗くのが当たり前になっている日本の人間ドックと、どことなく似た構造のように思える。日本消化器内視鏡学会の発表では、２００８年の胃がん検診の数は７００万件近い。恐ろしい数だ。

医療のこととなると、予防であれ、治療であれ、手術であれ、本当に必要なのかと考えることは稀だ。私たちは思考停止に陥ったまま、医師の提案にすべてを委ねてしまう。もちろん、この万全の予防体制が、最終的には日本の平均寿命を世界一にしたのだろうが、どこに線を引くかというのは、本当に難しい。ましてや、手術をするか、しないかという決断は容易ではない。

外国の格安老人ホーム、優良投資先としての老人ホーム

さて、ドイツで「老人ホーム」と検索をするとたくさん引っかかるのが、外国にある老人ホームの宣伝と、もう一つは、投資物件としての老人ホームだ。

外国にある老人ホームというのは、主にポーランド、チェコにあるドイツ人のための私立のホームで、わりと贅沢なものでもドイツと比べると料金がひどく安い。ドイツとは経済格差があるからだ。

これらの老人ホームは、たいていドイツ国境からすぐの立地となっている。どのホームも、ドイツ語が通じるというのが売り物だが、ポーランドやチェコのドイツとの国境付近というのは、美しいが本当に何もない。歳をとって、見ず知らずの土地で、外国人に囲まれるのは、いくら自然環境が素晴らしくても、かなり寂しいのではないかと思う。

民営化の常として、もちろん、ドイツの老人ホームの価格はピンから切りまである。しかも価格は競争のおかげで、自ずと上と下に引っ張られる。つまり、高級ホテルのような超豪華施設と、経費とともに人間の尊厳も極限まで切り詰められてしまうような格安施設ができる。そんな中、中庸をいこうとすれば、このように外国との経済格差を利用するというアイデアが出てくるのは理の当然だ。

一方、投資物件としての老人ホームというのは、老人ホームを所有する企業が、ホームの部屋を投資物件として売ったり、あるいは、ファンドを作ってお金を集め、老人ホームの経営で上がった利益を投資家に還元したりするビジネスだ。こちらは、20年で利回り4・5％などと宣伝しているものもある。老人ホームの部屋なら、将来、空きが出ることはないと見越しているのだろうが、それでも、この高リターンはちょっと怪しい。採算が悪化すれば、介護士や従業員のコスト、ホームの居住者の食事、そして、部屋の修繕や清掃などが切り詰められることは想像に難くない。福祉を私企業に任せてしまうのは、やはり一抹の不安が残る。

ドイツならではの選択肢「在宅介護＋私設ヘルパー雇用」

人の性格はそれぞれなので、中には、介護が必要になる前から、自分でさっさと将来のことを見極めて、老後の準備をする人もいる。そういう人はたいてい、ケア付きホームというのを選び、最初は普通のマンションとして利用し（値段は非常に割高だが）、介護が必要になったら、徐々に、介護保険で受けられるサービスや、その施設の提供する独自のサービスを利用するという方法をとる。もちろん、これは経済的に比較的恵まれた人の選択肢だが。

一方、たとえ適当な場所に、支払い可能な値段の老人ホームがあるとしても、やはりできる限り自宅で暮らしたいと思う人も少なくない。あるいは、家族の方が、親が老人ホームに移ることに抵抗があったりする。そうなると、在宅介護という選択肢が浮上してくる。

とはいえ、家族の誰かが看るとなると、結構大変だ。当人の要介護度が高くなればなるほど、経済的な観点、本人の満足度、そして、家族間での介護の労働分担など、いろいろ考慮すべき要素が増えてくる。介護保険のヘルパーサービスだけでは限度がある。では、誰か他の人に頼むのか。

ドイツでは、お手伝いさんを雇って、動けなくなった親の世話をしてもらう家庭が増えている。昼間だけ、あるいは、夜だけ介護を任せるという場合もあれば、家が広くて、お金に余裕があれば、住み込みのヘルパーを雇うこともある。介護保険による公的な介護サービスを受けなければ、「介護金」が現金でそのまま貰えることはすでに書いた。そのお金を、私設のヘルパーを雇う足しにするのである。

ドイツでは、日本より広さに余裕のある家が多いし、安い外国人労働力が調達できるという事情がある。もともと、外国人に掃除などを頼んでいる家庭が多いので、他人が家に入っても、日本人ほどは抵抗がない。今では、ヘルパーの派遣に特化した大小さまざまな人材会社が目白押しで、「自宅介護」とインターネットで検索すると、「24時間自宅介護」と銘打った広告が山ほど出てくる。

多くの高齢者にとって、住み慣れた家を離れるということは、想像するだけでも大きな負担となります。でも、あなたの親が高齢のため、あるいは疾病のため、体が不自由になってしまったら？　それでも、施設へ移らず、自宅での生活を続けたいと希望するなら？　そんなとき、ご家族の負担を少しでも軽減するために、「24時間自宅介護」のヘルパーの、愛情あふれた、きめ細かな助けが、理想的な選択肢となるでしょう。

広告には価格の比較も示されている。たとえば要介護度3の人が老人ホームに入った場合、自己負担分は2500ユーロ（約32万5000円）ぐらいになることが稀ではないが、「24時間自宅介護」を使えば、支出は1720ユーロ程度（約22万4000円）で済むと書いてある。そこから介護金の支給分（要介護度3なら545ユーロ（約7万1000円））を引けば、老人ホームの負担分とはだいぶ違ってくる。なお、この場合のヘルパーは、ポーランド人、ルーマニア人、ブルガリア人、スロバキア人などで、ドイツ人ではない。ちなみに、ドイツ人のヘルパーなら、料金が東欧の人の倍ぐらいになる。

人材会社は、ただ仲介をして、仲介料と契約代行費を取るだけのところもあれば、自社の契約社員を抱えた派遣会社もある。EUでは、外国で働く場合でも、母国で医療保険や社会福祉費をそのまま継続する例外措置があるが、いずれの会社でも、その手続きを代行してくれる。とくに、派遣会社なら、ヘルパーが病気になったり、辞めたり、あるいは、気が合わなかったりしたときの交代要員もすぐに出してくれるので、便利だ。

仲介は、ドイツ労働局でもやっている。こちらは無料。ヘルパーの母国がEUでなく、労働許可が必要なときには、その取得も手伝ってくれる。また、カトリック系福祉団体であるカリタスも、大々的に仲介をしている。ヘルパー、あるいは、家政婦を雇いたい人は、ドイツ全国63ヵ所あるカリタスの事務所に届けておくと、外国のカリタス組織がそれをもとに、希望者を紹介してくれるシステムだ。ポーランドは敬虔なカトリックの国なので、カリタスを通じて訪れるヘルパーは多い。カリタスの派遣ヘルパーの場合、給料は高めで、2100ユーロ（約27万3000円）以上になるという。

では、「24時間自宅介護」とは何を意味するか？　まずは、①衣服の着脱、清拭、シャワーやお風呂の介助、食事の用意や介助、トイレ介助やおむつの取り替えなど。しかし、注射や包帯の取り替えなどは医療の分野なので、介護には含まれない。それから、②運動やトレーニングの介助。そして、③買い物、料理、洗濯、アイロンがけ、清掃など家事一般。④会話やゲームの相手や、散歩の付き添い。⑤通院の介助などだ。つまり、ヘルパーによる介護とはいえ、家政婦との境目はかなり流動的である。

住み込みのヘルパーを雇う場合、独立した一部屋が求められる。また、トイレやシャワーも、なるべく独立したものが望ましい。つまり、住居に余裕がないと雇えない。とはいえ、ドイツの、特に郊外では、もてあますほど広い家に住んでいる人たちは結構多いので、それはあまり問題ではないだろう。

「24時間自宅介護」の勤務形態はどうなっているか

ただ、問題は、「24時間自宅介護」といっても、それが本当に24時間の介護を意味するわけではないことだ。ドイツには労働基準法があり、また、法定の最低賃金もあるため、外国人であっても、基本的にはその法律の範囲内の労働しか許されない。

現行の法律では、週の労働時間は最高で48時間だ。1日8時間で6日間が目安となっている。なお、週休1日は、絶対に守らなければならない。

ただし、1日の労働時間は最大10時間まで延ばすことができる。つまり、1日に10時間で週6日働くと、労働時間は60時間となる。それもアリだが、ただし例外措置という位置づけなので、規定の48時間を超過してしまった分は、その後に労働時間を減らして、相殺しなければならない。相殺のリミットは半年以内だ。住み込みのヘルパーがたいてい3ヵ月で一旦交代するのは、この残業分を相殺しなければならないからだ。

というわけで、「24時間介護」のヘルパーも、働けるのは最大限でも1日10時間、週6日だ。休憩や待機時間などを使い、利用者のそばに居られる時間をうまく調整するにしても、本当の24時間介護には程遠い。また、夜間の介護が必要な場合や、認知症の人の介護などは、当然、割増料金になる。しかし、ホームページにはそれらは記載されていない。見積もりの段階で顧客の正確な希望を量り、実際の値段が提示されるものと思われる。

本当に24時間、あるいは、それに近い時間をヘルパーに任せたい場合は、斡旋所がもう1人派遣してくれることになる。2人目の値段を安くしてもらうことは可能だが、そうすると、介護の未経験者や、ドイツ語が全然話せなかったりする人が、アシスタントという名で来ることもある。

ただ、実際問題として、ヘルパーを二人頼んでいるという人の話はあまり聞かない。やはり、お得感があるのは、一人までだろう。

重労働で孤独。出稼ぎヘルパーの立場は弱い

ここまで書けばすでにわかるように、ヘルパー斡旋というのは、要するに、出稼ぎ労働者の仲介だ。働く方にしてみれば、実に大変。言葉も風習も違う国の家庭に入り、長時間、知らない老人の世話をするのだから、重労働なだけでなく、孤独でもある。休日に気分転換しようにも、友人と会えるわけでもなく、ドイツの田舎には、車がなければ、買い物の自由も利かないような土地も多い。そのうえ、介護される人、さらにはその家族との相性も命運を分ける。そのわりには、賃金はドイツの平均水準から見ればそれほど高いわけではない。それでも、皆が頑張るのは、その賃金が母国では4倍にも5倍にも膨れるからだ。

斡旋業者を介さなければ、ヘルパーの給料はだいぶ増えると思われる。実際に、個人ベースの紹介で来ている外国人もいる。多いのは、長年、家のお掃除をしてもらっていた外国人

に、国にいる親戚を紹介してもらって呼び寄せるケース。介護ではないが、双子の赤ちゃんのいる家で、日勤、夜勤と、2人の外国人ベビーシッターを雇っていた人を知っている。これもやはりお手伝いさんからの紹介だった。

しかし、それ以外の個人契約は、ヘルパーにとっても雇い主にとってもリスクが大きいためか、ほとんど聞かない。いろいろな手続きを自分でやるのは、かなり面倒だ。だからといって、ちゃんとした契約なしに外国人を雇用すると、雇用者は法律違反、脱税、そして、被用者も、不法労働、脱税で高額の罰金を払わなければいけなくなる。

ちなみに、カリタスでヘルパーを斡旋してもらうと、カリタスの職員が、抜き打ちで検査に来ることを了承しなければならないという決まりだそうだ。世の中には心優しい人もいれば、そうでない人もいる。昨今の子供の虐待でもわかるように、家庭というのは温かい場所であるはずだが、密室なだけに闇が渦巻く場所にもなりうる。万が一、休憩時間が曖昧だったり、さまざまな無理やしわ寄せが降りかかったりしたとき、斡旋業者を通さない個人契約では、ヘルパーは駆け込む場所がなくなってしまう。雇う方にしても同じで、ヘルパーのしていることは信頼するしかない。だから、たとえ斡旋業者がいろいろな名目で高い仲介料やその他の経費を取ったとしても、双方にとって、それは安心料ということになるのだろう。

自宅介護を推進したい
ドイツ政府の錬金術的解決策

実は、ドイツでは、現在、国が自宅介護を強力に推し進めようとしている。ドイツにも、まさに日本と同じく、戦後、出生率の突出した時期があった。その団塊の世代の人々がこれから定年に入るので、高齢者人口は急増するが、老人ホームを新設するには莫大なお金がかかる。しかも、急増した高齢者は、20年後ぐらいには再び急速に減っていく。だから、将来、過剰施設になるとわかっている老人ホームがやみくもに増えては困るという事情もある。

自宅介護の高齢者に支払われる「介護金」が、老人ホームに入っている高齢者に支払われるものよりも少ないということはすでに書いた。老人ホームが増えれば増えるほど、介護保険や国や自治体にかかる負担は多くなる。それを回収できるほどホーム代や介護保険料を高くするわけにはもちろんいかない。だから、政府としてみれば、外国からのヘルパーに手伝ってもらってでも、なるべく要介護の高齢者を自宅に留め置きたいわけだ。

在宅介護が経済的というのは、年金や財産の少ない親を持つ家族にとっても同じだ。これも先に書いたが、ドイツの法律では、親の介護は子供の義務だ。老人ホームに入っている親が自分の老人ホーム代を支払えなくなった場合、子供が肩代わりしなければならない。また、老人ホームを嫌う高齢者も多い。だったら、たとえ少しヘルパーに手伝ってもらうとしても、年金と介護金で、在宅介護した方がよいと、多くの人が考える。

ただ、それには、家族が在宅し、介護できる状況を整備する必要がある。介護保険で派遣してもらえる週に数時間のヘルパーだけでは不十分で、しかも、外国人のヘルパーも雇いたくないという場合、家族の誰かが安心して親の介護に専念できるようにしなければならない。

そこで2012年1月1日、ドイツでは「家族介護法」が施行された。被用者は、2年間のリミットで、勤務時間を週15時間にまで短縮することができる。

介護と仕事を両立するための法律で、介護の間は、実際の勤務時間より多くの給料が支払われ、介護が終わってフルタイムに戻った時点で、今度は給料が割り引かれ、プラスマイナスが相殺されるという仕組みだ。

例を挙げる。介護のために、2年間、就労時間を50%に短縮した人がいるとする。雇用者はその被用者に、75%の給料を支払う。といっても、雇用者は当然、実質労働分の50%の給料しか支払わないが、あとの25%分を連邦家庭局が雇用者に無利子で貸し付けてくれるので、被用者の手には75%が渡ることになる。その代わり、2年の介護期間が終わったら、被用者はフルタイム勤務に戻らなければならない。

被用者がフルタイム労働に戻れば、雇用者は当然、100%の給料を出す。しかし、2年間は、被用者の手には75%しか渡らない。あとの25%は連邦家庭局への返済に回されるからだ。

こうすれば、被用者は介護をしたために職業を失うことも、年金の額が激減することもない。つまり、この制度なら、雇用者も被用者も損をしない。負担を負うのは、あえて言うなら、運用金を無利子で貸している連邦家庭局だけだ。

自宅介護を機能させる夢のような方法はない

一見、非常によいモデルのように見えるが、これが本当に機能するかというと、それは別の話。最大の欠点は、これが実施されるためには、被用者がこの法律の適用を申請し、雇用者がOKしなければならないというところだ。しかも、従業員が25人以下の企業には、この法律の実施義務はないというから、かなりのザル法でもある。

ちなみに、産業界は端《はな》から懐疑的だった。まず、50％しか働けなくなった人に50％の給料を支払うのは良いとしても、不足した50％の労働力はどうすれば良いのか。それを補うため、補欠人員を雇わなければならないとすると、雇用者側は実質的には損をする。

しかも、この法律が適用される介護年数は2年だが、介護が実際に2年で終わるという保証もない。あるいは反対に、親の死亡などで、介護が早く終わったら？　雇用者としては、こういう不確実性を抱えるのは、あまり嬉しいことではないはずだ。民営化で介護を自由市場に委ねつつ、一方では、このような企業負担の制度を国の旗振りで導入しようとしても、なかなかうまくいかないのではないか。

日本は介護制度で離職を防ごうとしているが…

一方、日本の介護保険は、介護をする人に対する援助というより、高齢者の介護自体に多く使われている。もちろん日本でも、在宅介護のほうが国家や自治体にかかる負担は少ないため、次第に特養の老人ホームの入居基準を厳しくしたりして、なるべく自宅介護が長くなるように誘導はなされているが、自治体がドイツや北欧ほど積極的に在宅介護を推進しているわけでもなさそうだ。また、親の介護のために仕事を続けられなくなった人のための援助も、それほど多くはない。

あるのは介護休業制度で、これを利用すると、配偶者、父母、配偶者の父母、子、祖父母、孫、兄弟姉妹が要介護の身内の介護をするとき、合計93日間の休業を3回までにわけて取得することができる。そして、この間は、月給の3分の2に当たる金額が雇用保険から給付され、年金・健康保険・雇用保険等の社会保障費と、所得税は労使分とも免除される。そのほか、企業は、介護をする就労者を、時短やフレックス勤務でなるべく支援しなければならないと決めた法律もできた。

しかし実際には、介護のために離職する人は、年間10万人ほどいるといい、その8割が女性だ。働き手が減少する日本で、介護が原因で仕事を辞めていく人がいるのは、国全体としても大きな損失だ。

安倍政権が「一億総活躍社会」という政策を打ち出したとき、その命名を揶揄するような風潮もあったが、政府の考え方は正しい。介護や出産で、女性が働けなくなるほど勿体無い話はないからだ。

出生率の伸び悩みにしても、女性は子供が産みたくないわけではなく、産んだら仕事ができず、生活の質を落とさなくてはならないと思うから、産めないのだ。その結果、社会はだんだん元気が無くなっていく。

安心して子供を産めるのは元気な社会、安心して介護ができるのは豊かな社会だ。ただ、その実現のための経済的負担を産業界にだけ押し付けようとすれば、必ず失敗するだろう。できればドイツと同じく、介護保険や税金を大々的に投入し、思い切った予算で進めるべきだ。

今、私たちに必要なのは発想の転換かもしれない。

第7章

認知症を受け入れつつあきらめない

「もう○○できない人」がどんどん増えていく日本

長寿の国で問題なのが、認知症の増加だ。体は元気だが、認知能力が低下してしまっている。数年前、日本に滞在していたとき、建築中の巨大なビルの横をタクシーで通り過ぎたら、運転手さんが「これ、認知症専用の老人ホームになるんですよ」と教えてくれた。「えっ、この大きなビルに収容される患者全員が認知症⁉」激しい衝撃を受けた。

厚生労働省の発表では、2015年、認知症と診断されている人の数は525万人。65歳以上の高齢者の15％を占める。これが2025年には730万人となるという。こうなると、65歳以上の高齢者のうち、5人に1人が認知症だ。誰が介護をすることになるのかと思うと、呆然としてしまう。とくに、身体が健康で、認知機能が落ちている場合は、介護にはさらに人手が要る。

寿命が延びれば認知症の発症は必ず増える。認知症とまではいかなくても、その予備軍とも言える人達がどんどん増えれば、それなりに効率の悪い社会になるはずだ。そして、地域社会にとっても、国家にとっても、精神的にも経済的にも膨大な負担がかかる。

ただ、一口に認知症といっても、いろいろな種類があり、すべては究明されていない。しかも、どれもこれも効果的な治療法もなく、今のところ、進行を遅くするのがやっとという状態だ。そして、認知症の人も無事に暮らしていける社会を作らなければならないと誰もが思いつつ、なかなか具体策が立たない。

父が生前、リハビリ病院に入っていた時、食堂で食事に付き合っていたら、重度の認知症らしき人たちがたくさんいた。付けてもらったエプロンを引きちぎろうとしている人、口にスプーンがなかなか命中しない人、目の前の食事をぼんやりと眺めているだけの人もいれば、横に座った介護士に食べさせてもらっている人もいた。見ていて激しく気が滅入った。

この食事の光景は、長らく頭から離れなかった。そういえば、私が、何だかわけのわからないことを言っている人間にご飯を食べさせたのは、子どもが小さかった時だと思い出した。あの頃、我が子はまだ自分で歩くこともできなかった。しかし、〝まだ〟できないと、〝もう〟できないとは大違いだ。〝まだ〟の方には希望があるが、〝もう〟の方にはない。

人間を3つに分けるなら、①まだ立てない人、②立てる人、③もう立てない人かなと、思った。いや、①まだ自分でご飯が食べられない人、②自分でご飯が食べられる人、③もう自分でご飯が食べられない人、かもしれない。あるいは、①まだ会話のできない人、②会話のできる人、③もう会話のできない人？　どっちにしても、自分のことを考えると、③はまずい。もう立てず、もう自分でご飯も食べられず、もう会話もできない。「ワーッ！　これでは生きていてもしようがないじゃないか！」と私は心の中で叫んだ。

呆けてしまった父とも話すのは楽しかった

父は、このころ、まだらに呆けていた。でも、ニュースには目を通していたし、大好きなお相撲も、たまに、大鵬と白鵬を取り違えたりしていたが、それでもちゃんとフォローしていた。

その日も、食事のあと、部屋に戻ってきたら、戦争の話になった。きっかけは、尖閣諸島で日中の船が交錯しているというニュースだった。

「そういえば、パパ。昔、戦艦の見学をしたって言ってたでしょ」。

父は大学生の時、志願して軍隊に行ったのだ。

「どの戦艦だった？　大和？」

「違う」と父は言った。

「三笠？」

「三笠じゃない」

私の知っている戦艦は、その2つで終わりだ。

「じゃあ、何？」

1分ぐらい待っていると、突然、父は言った。

「比叡」

「どこで？」

「……横須賀だったかな……」

なんだか、静かな午後だった。

そのあと、家に帰ってインターネットで調べてみた。1914年に竣工した比叡は、1929年のロンドン海軍軍縮条約の影響で練習船に改造されたが、36年、同条約が切れたあと大改装を行い、近代的な戦艦として復活した。1941年の真珠湾攻撃のときは、第一航空艦隊を護衛している。その後、ジャワやら、セイロン沖やら、アリューシャンやら、いろいろな戦地に赴いた。しかし、第3次ソロモン海戦のあと、身動きがとれなくなり、42年11月に自沈。太平洋戦争で最初に失われた悲劇の戦艦となった。父が見学したというのは、いったいいつだったのか。

私は父と話すのが、結構楽しかった。ゆっくり、ゆっくりだが、会話はとんちんかんになりながらも、進んだ。

その後、父は家に戻ったが、数ヵ月したら、母が怪我をしたので二進《にっち》も三進《さっち》もいかなくなり、仮にではあるが、近所のS園に引き取ってもらった。そして、私もあわてて日本に駆けつけ、母の病院と父のホームを行ったり来たりしていた。

父の部屋に行くと、たいてい寝ているか、本を読んでいた。本は、ホームの図書コーナーから借りてきて、山のように積んであった。

父は車椅子で移動していたが、発奮すると杖を突いて歩けたらしく、一度、夜中に監視の目を盗んで、エレベーターで1階まで行き、連れ戻しに来た職員に、「今から会議なので、車が迎えに来る」と言ったそうだ。

午後、訪ねて行ったら、「エミ、エミ、今朝、ここで銃撃戦があったよ」と興奮気味に言ったこともあった。そういえば、朝方、ものすごい雷雨だったので、ああ、それだと気づいた。それにしても、雷雨を銃撃戦だと勘違いするのは、ある意味すごいと思った。戦争体験と関連があるのだろうか。話を合わせて聞いていると、父は廊下でとっさに身を伏せて銃弾をかわしたとかで、私はそれを想像して、少し楽しかった。

お天気が良いと、私は車椅子を押して、近所を一回りした。誰もいない自宅の前に来ると、父はよく、「2階に住所録があるから取ってきて」などと言い、必ず詳しくその場所を教えてくれた。仕方がないので、家の前の歩道の陽だまりに父を置いて、家に入って結構真面目に探すのだが、見つかったためしがない。

そこで、「パパ、見つからない」と言いながら戻ると、父は、「まったく節穴なんだから」と文句を言うのだった。

父は私のことだけを忘れてしまっていた

そういえば、見舞いに行ってくれた従姉に、「おじさんは、どうもエミちゃんのことだけ、わからないみたいよ」と言われたこともあった。その後、私が父を訪ねたとき、従姉の言っていたことが本当だったとわかった。二人で機嫌よくうちの次女Mの話をしていたのに、父が突然、「ところで、あなたとMちゃんはどういうご関係?」と訊いたのだ　ガーン！　とショックを受けた。

そこで、「いやだ、パパ。私はMのママよ」と言うと、父は、私が飛び切り面白い冗談を言ったかのごとく「ハハハ！」と大笑いして、「それはないでしょう」と言った。焦る私。

「ちょっと待ってよ、パパ。AとMとY、わかる?」

「わかる。僕の孫」。その通り。

「じゃ、そのお母さんは誰?」

父はしばらく考えて、「それが、わからないんですねえ」と言った。そんな……。

「困ったな。パパ、呆けちゃってる」

するとは父は言った。「呆けちゃってるどころじゃない。もう大ボケですよ」

昔から真面目な顔で人をからかう人だったので、私は一瞬、何が何だかわからなくなる。

でも、気を取り直して、もう一度、初めから。

「パパ、M男はわかる?」

「もちろん。息子ですよ」

「M男の奥さんは?」

「J子さん」

「じゃあ、パパの娘は?」

すると、父は決然と言った。「娘はいない」。エーッ!? 涙が出そうになった。私だけが、いなかった。

ショックを隠しながら、「ねえ、じゃあ今、『なぜ知らないおばさんが、僕のことをパパって呼ぶのかなあ』って思ってる？」と訊くと、父は真面目な顔で「うん」とうなずいた。私はとても悲しくなった。

そのあと、なぜ私は抹殺されてしまったのだろうかと考えた。私が過去に父の心をひどく傷つけ、父が「あんな娘はいないほうがいい」と思い、その決意が今になって記憶の底から浮上してきたのだろうか。でも、父と私は仲が良かったので、それは考えにくい。

そのとき、突然ひらめいた。そうだ、ドイツだ！　私がドイツへ行ってしまったからだ！

去年の夏から、うちの三女はＮＧＯでアルバニアにいる。任期は14ヵ月だったが、ちゃんと戻って来るかどうか、ずいぶん心配した時期もあった。それほどアルバニアに惚れ、ロマの子供の支援にのめり込んでいた。

アルバニアは格安飛行機が毎日飛んでいるし、南ドイツからなら3時間ほどの距離だ。もちろん今はメールや携帯もある。それに、娘はアルバニアに発つ前も親元ではなく、ハンブルクで暮らしていたのだ。目の前にいなくても、お互い、とくに寂しいとも恋しいとも思わない。

それでも私は、娘がずっとアルバニアに行ってしまうと想像しただけで愕然とした。絶対に嫌だった。そして、自分のその反応にびっくりした。そして思った。30年前、私はそれと同じことをしたではないかと。

当時、ドイツと日本は今よりもずっと遠かった。国際電話は高く、交信は手紙だけ。だいたい、私の下宿には電話もなかった。私がそんな遠い国に行くと知ったとき、父は愕然としたのかもしれない。そして、もう帰ってこなくなることまで予感し、心の中で密かに、「僕には娘はいない」と思おうとしたのではなかったか。

しかし、父はそんな感情はおくびにも出さず、私が結婚したあと、ちょくちょく母とともにドイツにやってきた。私も子供たちを連れてよく日本へ帰った。父母は孫を相手に幸せそうに見えた。でも、今思えばその頃から、父母と私たちが共有するものはどんどん減り始めたのだった。

たとえば、私の日常は日本とは違った慣習とリズムで営まれていた。時事も社会問題も世間の流行も、共通の話題にするにはベースとなるものが欠けていた。私たちのドイツでの生活を、父母は遠くから想像するだけになった。そうするうちに娘たちの日本語が成長に追いつかなくなり、孫との接点も急激に減った。

それでも私は、父母を疎外してしまったことに気づかなかった。それどころか、ドイツに嫁いでも鹿児島に嫁いでも、さして変わりはないだろうと思っていた。父が「娘はいない」と決意したのは、私がドイツへ渡った当初ではなく、この頃だったかもしれない。そして今、過去と現在の境が曖昧になっている父の頭の中で、その決意だけが蘇り、私は、本当に、記憶の外に放り出されてしまったのかもしれない……、とそんなことを考えた。

年齢と生年月日が思い出せず、不動産取引が中止に

ただ、放り出されても、父と話すのは楽しかった。ときどき、「あなたは私の娘によく似ていますね」などというサプライズもあったが、だんだんそんなものだと思い、慣れてしまった。ときに、話の途中で突然、「あれ？　エミじゃない！」と言ったこともあった。「そうよ、わかる？」すると、当たり前のような顔で、「わかるよ。今、エミの本を読んでるよ」と答えた。新刊が出たあとだったので、私の存在は復活していたらしかった。認知症というのは、こういうふうにゆっくりと、ジグザグに進んでいくものなのだろう。

そのあと、ようやく両親が２人揃って老人ホームに入ったので、空き家となってしまった自宅を処分することになった。ゴミのいっぱい詰まった一軒家を片づけるのは、口では言えないほど大変だったが、それも無事に終わり、不動産屋さんが買主を見つけてくれた。家の持ち主は父なので、売却の意思確認ということで、司法書士と不動産屋さんが老人ホームの父の所へやってきた。私はドイツにいたので、弟が立ち会った。

このとき、父は89歳だった。ときどきトンチンカンなことを言ってはいたが、家の売却に

関してはちゃんと納得していた。「2階に上がれないので、もう、あそこには住めないね。早く売れればいいね」と、父自身が言っていたのだ。だから、まあ、ちょっと呆け気味ではあるが、意思確認は無事に済むだろうと高を括っていた。

ところが当日、ドイツの私の下に、弟からのメール。「ダメだった」。エ――――！　そんな……。

弟の話では、父は必要書類3枚に住所や名前をちゃんと記入し、ゆっくり受け答えもして、ようやく終了かというところで生年月日を聞かれたら、答えられなかったのだそうだ。そこで、「では、お年は？」と質問が変えられたが、またもや言葉に詰まり、どうにかして事態を打開しようと思ったのだろう、いつものおふざけで「100歳！」と言ったらしい。弟の動揺が目に浮かぶ。

しかし、そんな冗談を、誰も面白いと思わなかったのは当然のことで、父は窮地に陥った。弟のメールには、「あんなに優秀だった人が、最後はうつむき気味で口を固く結んでいた姿はかわいそうだった。あなたがいたら泣いてたね」と書いてあった。読んだだけで泣けてきそうだった。結局、さらに質問がなされようとしたのを、弟が「もう、いいです」と止めたという。こうして、意思確認は完全に暗礁に乗り上げた。

医師の認知症テストで張り切った父

その夜、私は、「誕生日なんて、私だってときどき忘れそうになる。だいたい、売主は売りたくて、買主は買いたいのでしょ。私たちがパパを騙してやっていることでないのは一目瞭然なのに、何が問題なのよ！」と、腹立ちを電話で弟にぶちまけた。

とはいえ、「こんな契約なんかこちらから願い下げだ！」とやけになるわけにはいかない。法律は法律だ。こういう場合は、成年後見人を立てなければ契約ができないと知った。成年後見人は、手続きが結構面倒で、経費はもちろん、時間もかかる。そして、成年後見人を立てるためには、今度は、父が認知症であるという証明が必要になるのだった。

その後、まもなく日本に戻った私は、諸々の雑用を引き継いだ。まずは、認知症の診断書をゲットしなければならない。そのことを老人ホームに連絡し、診断をしてくれるお医者さんが見える日に出向いた。

優しそうなお医者さんは父に向かって、「少し質問しますよー」と言い、「川口さん、おいくつですか？」

なんと、父はこの日は100歳ではなく、ちゃんと「89歳」と答えている。「今から言う言葉、覚えておいてくださいね。桜、猫、電車。後でもう一度尋ねますからね」。わー、こりゃダメだと、私は心の中で匙を投げた。

あとで知ったのだが、ふつう、認知症のテストは、既存の簡易チェックシートに基づいてなされるらしい。20ぐらい質問があり、満点が30点。20点以下は認知症の疑いが濃いということになる。

「今日は何日ですか?」という質問に、父は、何月、何日は正しく答えていたが、何年というのは、「千九百……、えーっと」と、未だ前世紀にいる模様。曜日を聞かれると、しきりに私の方を見たので、これはまずいと思って、席を外した。

しばらくすると、お医者さんが私のところへやってきて言った。「お父さんねえ、認知症でないとは言えませんが、認知症であるとも言えませんねえ」。青天の霹靂とはこのことだ。聞いてみると、父は暗算ができたのだそうだ。テストには、「100引く7は?」というのがあり、それができると、「じゃあ、93引く7は?」と、何度か7を引いていくという。父はそれができて、それから「桜、猫、電車」もできて、それで点数を稼ぎ、おそらくぎりぎりセーフで21点以上の点数になったようだった。

そこで私がお医者さんに、家の売却の意思確認がままならなかったという事情を話すと、「もちろん、老人性の健忘症はありますよ。脳こうそくの後遺症の言語障害もあります。でも、暗算はできるし、不動産の売買契約についての判断能力ならあるでしょう」とのこと。

そして、その趣旨の診断書を書いてくださった。信じられない！　満塁逆転ホームランだ！お医者さんが仏様に見えた。

そんなわけで、紆余曲折の末、家はめでたく売れたのだが、あの認知症テストが今も気になる。まず、今の若い人が年をとって、100引く7ができるかどうか。そうでなくても、暗算は日常生活から消えている。

買い物に行っても、お金を払う方も受け取る方も、おつりの暗算などしない。私が確認するのは、渡したお金がレジに正しく打ち込まれているかということと、ディスプレーに表示されたつり銭の額と自分が受け取った額が合っているかということだ。この調子では、私たちには暗算は無理だ。だから、おそらく将来の認知症テストから暗算はなくなる。その代わりに、スマホの操作法とか、何か他の質問が組まれるのではないか。ただ、私にはそれもできそうにない。

父の認知症の話に戻ると、半信半疑だった弟がその後面会に行ったとき、「100引く7」を父にやってみたという。すると、全然、できなかったそうで、その夜、電話で、「あの日は、奇跡が起こったんだな」と笑った。私は今でも、父は私がいたので張り切ったのだと信じている。

認知症の人の頭の中がどうなっているかは、よくわからない。

人間は、普段は認知症だったはずなのに、一瞬の間だけ、本当に奇跡が起こったように、頭が冴えることもある。父には、死の直前にもそういうことが起こった。人間は、自分の力を、いざという時のために、ちゃんと蓄えておくのではないかと思う。動物ならその力を利用して、どこかに身を隠して死ぬ。

昨今は、年をとっても呆けず、凛としている、どちらかというと頑固な老人の書いた本などがよく読まれる。呆けて汚らしくなった老人は、バカにされる運命なのだ。

しかし、父を見ていて、私は、「呆けたからって、何か不都合でも？」と思うようになった。父と話していて、私は楽しかったし、父も結構楽しそうだった。何が問題なのか？　老人は頭が冴え、小綺麗でなくてはならないなんて、誰が決めた？　老人に問題があるとすれば、国家経済に負担がかかることだが、長生きしたことに関して老人に罪はない。

日本の「認知症グループホーム」とはどういうものか

そうはいっても、認知症はすでに無視できない問題であり、ドイツでも日本でも、いや、世界中でいろいろな取り組みが、それこそ必死で試みられている。薬も開発されている。薬で治るわけではないが、進行を遅らせられれば、それだけでもありがたい。将来、先進国で爆発的な需要の見込める薬だから、どの製薬会社も開発のしがいがあるはずだ。日本では現在、４種類の薬が認可されている。

日本には認知症の人たちのためのグループホームというサービスがある。２００８年に導入された制度で、正式名称は「認知症高齢者グループホーム」。介護保険のサービスの一環として運営されている。

これは文字通り、認知症の高齢者が共同生活を送るホームで、65歳以上で、要支援度２以上の人が申し込める。空室が出ると、鑑定員が候補者と面接し、共同生活ができそうな人を選ぶ。10平方メートルほどの狭い部屋だが、自室にトイレと洗面台が付いており、９部屋の１ユニットごとに、共同のリビングとキッチン、そして浴室がある。費用は月額10万から15万円ほど。都会ではもう少し高くなることもある。

目標は、家庭的な雰囲気の中で自立をサポートし、認知症の進行を緩やかにすることだ。メリットは、ホームの規模が小さく、家族的な雰囲気があること。それに、買い物などで、外界との接触もある。もちろん、スタッフが24時間常駐していて、買い物、掃除、料理など、生活全般を見守る。簡単な身体トレーニングや、レクリエーションなども行う。しかし、一人で着替えや食事ができなくなったり、トイレに行けなくなったりしたら、原則、出ていかなければならない。

ドイツにも認知症の人のためのグループホームはある。アイデアが生まれたのは、1990年代の終わり、ベルリンでのことだ。自宅介護と老人ホームの折衷案で、認知症の人の人格や自己決定権を守るというようなことが目的だった。今ではあちこちに、非営利団体などが運営しているもの、互助会のような自主運営のもの、あるいは、民間の老人ホームが経営しているものなどがある。しかし、介護保険のサービスではないので家賃が非常に高く、日本の認知症グループホームとは別物だ。また、一般的に広まっているともいえない。

ただ、ドイツであっても、日本であっても、認知症の人がグループで自立して生活すると聞いたとき、私にはそれがピンとこなかった。さっき言ったことも忘れてしまう人たちが一緒になって、つつがなく日常生活を送れるのだろうかというのが、私の疑問だ。それに、認知症の人同士ではコミュニケーションも成立しない。彼らがグループで住むことにどんな意味があるのか？

その疑問を、東京都でグループホームを運営している施設の関係者にぶつけてみた。それによれば、現在のグループホームの入居者は、認知症といっても、自分が行った場所は言われれば思い出せるという程度の、比較的軽度の病状の人たちなのだそうだ。会話もトンチンカンではあっても、一応、成立はする。ただ、それでも常に介護士が、「さあ、洗い物をしましょう」とか、「洗濯物を干してください」などと、行動を促す必要はあるという。そうでないと、ずっと寝てしまう人がいるからだ。

認知症高齢者と地域との交流「認知症カフェ」

その後、「認知症カフェ」というのも知った。最初、認知症の人が家族とともに行く場所かと思ったら、認知症の人自身が働いてもいるそうだ。もちろん、彼らもやはり、グループホームの入居者と同じく、症状が軽度の人たちなのだろうが。

2012年から国が認知症施策の一つとして提唱しているものだそうで、すでに都内だけでも100ヵ所以上。国が推進しているため、まだまだこれからも増えるという。

認知症カフェの設置には誰でも参入できる。福祉団体や高齢者介護施設、あるいは個人が運営しているケースもある。たいていは、月に1回から4回開かれている。認知症という共通分母を持つ家族会のような感じかもしれない。

スタッフはほとんどがボランティアで、金銭的には自治体の福祉課が援助しているという。カフェで認知症の悩みの相談もできる。政府は、これが最終的に地域コミュニティーの強化にも繋がることを期待しているのだろう。いずれにしても、認知症は他人事ではなく、明日は我が身といった認識が、広く一般の人々の中に広まってきているように感じる。

一風変わったところでは、「注文をまちがえる料理店」という奇妙な名前の店も現れた。認知症の人が注文を取り、サーブするというのが売り。常設ではないが、オープンしているときは結構人気で、予約がすぐに埋まってしまうそうだ。

ただし、行ってきたお客のブログなどにアップされている写真を見ると、注文を取っている認知症の人の後ろには、必ず通常スタッフが控えてサポートしている。ブログの中には、その認知症の高齢者を温かく見守っているとはいえ、彼らが間違えたり、トンチンカンなことをするのを期待しているところがありありと感じられるものもあった。ここらへんのさじ加減は、非常に難しいと、それを読みながら感じた。私なら、母がここで働いて、面白おかしくブログに書かれたりするのは嫌だ。

もし、私が認知症になり、レストランで働くとしたら、注文などとらず、できれば鼻歌でも歌いながら、裏でガチャガチャ楽しくお皿を洗いたいと思う。

手に負えなかった認知症患者への対応も進歩している

認知症は、その原因により幾つかのタイプに分けられるが、中には、怒りっぽくなったり、暴力的になったりする人もいる。老人ホームで一生懸命世話をしているのに、激しく抵抗されたり、罵倒されたりしているうちに、介護をしている人たちが落ち込んでいくこともある。どうしても手に負えなくなると、認知症専門の病院に一時的に移す。最近は、認知症に特化した病院が増えてきたので助かっているという話だが、ある意味、やはり戦慄を覚える。

そんな折、注目されているのが、「ユマニチュード」というフランス発祥の認知症ケアだ。認知症の高齢者に対して「あなたは大切な人ですよ」というシグナルを発し続けることが基本。それを受信してもらうことで、認知症患者と介護士の関係改善を図る。

ユマニチュードというのは「Humanitude」。フランス語で「人間らしさ」という意味だとか。ユマニチュードの基本方針は、「見る」、「話す」、「触る」、「立つ」。介護されている人が、人間の尊厳を保てる介護法といわれ、これによって、暴力的な人が魔法のように穏やかになることもあるという。

認知症の人は、たいがい視野が狭くなっており、外界に対するアンテナも切ってしまっていたりするので、誰かが突然、横から現れると、ひどく驚くことがある。だからユマニチュードでは、近づくときには、まず、遠くから大きな声で呼びかけ、真正面から目を見ながら近づく。これが「見る」、「話す」。それだけでも、当人の警戒心が弱まるという。

人間、誰でも、何をされるかわからないと不安で仕方がない。とくに認知症の人の場合は、毎日していることでも予測がつかなくなっている。だから、服を着せたり、包帯を巻いたりするときには、これから何をするかを説明するだけでなく、している最中も、それを細かく実況中継すれば安心するという。

また、「触れる」ときは、指さきではなく、手のひらで柔らかく、肩や背中など鈍感な部分からゆっくり始める。突然、腕をつかんだり、顔を拭いたりしてはいけない。それは、自分に置き換えて考えてみれば、よくわかる。

また、「立つ」は、できることなら寝たままではなく、起き上がった形でケアをするということで、その方が、人間としての尊厳が保たれるのだそうだ。

これらは、思えばすべて、赤ん坊に接するときの態度と似ている。私たちは赤ん坊には自然のうちに、驚かせないように声をかけ、目を見つめながら、笑顔でゆっくり話しかける。着替えさせるために腕をつかんだりはしない。突然、顔を拭いたりしたら、泣きわめくだろうから、もちろん、それもしない。

ユマニチュードは、イヴ・ジネストというフランス人が、その妻ロゼット・マレスコッティとともに開発したケアで、150を超える技術からなるという。フランスではすでに35年もの歴史があり、それ以外でも、カナダ、スイスなどで広まった。しかし、ドイツで知られ始めたのはまだ最近の話だ。日本も同じ。

この話を聞いて私が思ったのは、そうでなくても人手不足の老人ホームで、こんな悠長なことをやっている暇はあるのかということだった。しかし、聞くところによれば、うまくいけば、抵抗がない分、かえって時間の節約になるらしい。日本では採用して日が浅いこともあって、まだ、あまり目立った効果は上がっていないが、それでも介護士の気持ちには余裕が出てきたという。これまで介護士は、受け入れてもらえないことに、ただ腹を立てたり、あるいは、追い詰められたりしていただけだったが、ユマニチュードを知ってからは、自分のやり方をもう一度見直したり、改善してみようかと冷静に考えられるようになった。つまり、ユマニチュードは悩める介護士の心を救う哲学だというのが、私の印象であった。

第8章

日独の介護士不足はどれほど深刻か

老人虐待の証拠ビデオには映らない「真実」がある

ドイツのテレビニュースでいやなものを見た。ある老人ホームで、年老いた母親が、「いつも介護士にぶたれる」と訴えた。そこで息子(60歳ぐらい)が部屋に隠しカメラを仕掛けた。すると、介護士の女性が「ぐずぐずするな!」とののしりながら、乱暴に服を着替えさせたり、突き飛ばすように寝かせたり、思うように動かないと髪の毛をつかんで向きを変えたりという映像が映っていた。

介護士の乱暴が正当化できないのは当然だが、しかし、その息子がテレビの画面に現れ、「ショックだった、怒りが沸いた」などとコメントしているのを見たとき、私は言いようのない違和感を持った。息子には、「お金を払っているのだから、ちゃんと世話をしろ」という権利意識しかないように見えた。そのうえ、隠しカメラで撮った映像をメディアに持ち込むという了見が、どうも理解できなかった。それ以前に、ホームとどういう話し合いがなされていたかは知らないが、念願の「証拠」を手にしたのなら、メディアに持ち込む前に、それを基にもう一度、ホームと話し合ってみるべきではなかったか。

人にはいろいろ事情があるので、親の面倒を自分で看たくても看ることができない人もいれば、たとえ看ることが可能でも、看ない人もいる。つまり、老人ホームの周辺の人々の背景は様々だが、自分で親の面倒を看ていない子供の一人である私には、大変なことをすべて他人に任せ、時々訪れては親孝行ぶっているという、少し後ろめたいような感情が常にどこかにある。そういう気持ちは、この男性にはなかったのだろうか。

老人ホームは密室だ。介護の仕事はきつく、しかも介護士は時間に追われ、入居者と人間的に接する時間は限られている。さらにドイツでは、貧しい国の外国人の労働力が入っているため、介護士の賃金が上がりにくい。資格を持たない介護士なら、有資格者との月給の差もある。そのうえ、夜勤が重なり、しかも時々顔を出す息子や娘に大きな顔をされては、ストレスも溜まろう。そのストレスが、ときに、さらに弱い存在である高齢者に向かってしまうという事態は、あってはならないとはいえ、ありうることだ。

そんなとき、虐待された高齢者が苦情を言っても、呆けていると片づけられてしまえばお終いだし、あるいは、その反対に、高齢者の方が妄想に陥って、虐められてもいないのに、虐められていると主張するケースもあるかもしれない。すべて微妙で、ややこしい。

いずれにしても、家族は時々しか来ないので、正確な状況など把握できない。だからこそ、隠しカメラというアイデアも生まれるのだろうが、そこに映っているのは、事実とはいえ、大きな流れの一コマに過ぎず、その全体や、原因を示してはいないのではないか。

性善説か性悪説か？　日独の違い

もちろん、ドイツでも日本でも、誰もが、虐待などあってはならないと考えており、親をホームに預けている人はとくにそう望んでいるが、しかし、実際問題としては、ドイツではしばしば、それに近いケースが耳に入ってくる。あえて言うなら、この問題に関しては、ドイツと日本の文化的な違い、あるいは、メンタリティの差も、少なからず影響していそうだ。

ドイツ人は元来、他人をむやみやたらと信用しない。そのうえ、旧東独時代の児童保護施設における虐待や、1960年代のカトリック教会の聖職者による幼児虐待など、それこそあってはならない密室の事件が、今頃になってボロボロと明るみに出てきて、大問題になっているお国柄でもある。だから、介護士不足の折、同じく密室である老人ホームでも、似たようなことが起こっているかもしれないと考えることは自然の流れだ。しかも、人々の権利意識が非常に強い。

一方、日本では、介護士の良心をそこまで端《はな》から疑っている人は少ない。そもそも日本人は、どんな状況においても、他人について、「いくら何でも、そんなひどいことはしないだろう」と性善説で考える国民だ。「ひょっとすると、陰でひどいことをしているのではないか」と仮定すること自体が、信頼関係を壊すようで、憚《はばか》られる。

老人ホームでの虐待や殺人の背景となる労働環境

ところが、２０１７年、その日本でも介護士の事件が起こった。しかも、虐待どころか、殺人だ。25歳の介護士Mが、夜勤の最中、83歳（当時）の入居者を浴槽で溺死させた。布団を汚され、何度も取り替えているうちに、ぶち切れたらしい。日本人は忍耐強く、ギリギリまで我慢するため、何においても、いざ切れると大事になることが多いが、これがまさにそうだった。Mの精神は、さまざまな悪条件が重なって、限界に達していたに違いない。

事件の起こった老人ホームは70床で、事件当夜、介護士は、Mを含めて2人だった。1人で30人以上を看ていたことになる。これが普通かどうかというと、まったく普通で、結構良い方だそうだ。日本では、利用者3人に対して最低1人の割合で介護士を雇い入れなければならないという規則はあるが、その人員を、どこに、いつ、投入するかは決められていない。だから、いろいろな業務が集中する昼間に大勢の介護士が投入され、当然、夜は極端に少なくなる。夜の介護は、昼間と違う緊張や負担があり、過酷だが、しかし、それに対する規則は、今のところまだない。

介護の人員は一体、何人足りないのか？

２０１８年5月に経産省が発表した数字によれば、日本では２０３５年には、介護従事者の数は２２８万人になっていると予想されるが、それでも79万人が不足するのだそうだ。２０１５年の介護従事者は１８３万人で不足は4万人だったので、約20倍。要支援・要介護の高齢者は、２０００年の２１８万人から、２０１８年は６４４万人と3倍近くに伸びたし、２０３５年には団塊の世代が85歳を超えるので、状況はさらに厳しくなるだろう。

ドイツも困った事情は同じで、老人ホームの介護士は、１９９９年の62万５０００人が、２０１５年には１１０万になったが、増えた分はほとんどがパート。仕事がきついので、パートに逃げて息をつく介護士が多いのだ。

一方、その同じ期間、介護される高齢者の数もやはり劇的に増えた。１９９９年の２０１

万6000人から、2015年の286万人。現在は、すでに300万を超えていると思われる。

ドイツの介護士（日本でいう介護士と看護師を合わせたもの）の不足数は発表する組織によってまちまちだが、2018年4月に政府が発表したところによれば、正規の介護士が1万5000人と、准介護士が8500人不足しているという。そして、2030年には、要介護の高齢者の数は少なくとも340万人になると予想され、不足する介護士が50万人。ベルテルスマン基金、ドイツ経済研究所（DIW）、患者保護協会など、多くの研究所やシンクタンクも、ほぼ同様の推定結果を出している。

お隣のスイスやデンマークはドイツより若干労働条件が良いため、新卒の介護士がそちらに取られる。だから、疲れ切ったドイツの介護士の離職率にさらに拍車がかかる。完璧な悪循環である。

ドイツの老人ホームの劣悪な労働環境

2015年、ドイツの老人ホームで、夜、1人の介護士が何人の入居者を看ているかという調査結果が発表された。それによれば、52人。これを基に単純計算すると、介護士が一度の夜勤シフトで、入居者一人当たりに使える時間は12分だそうだ。一部の老人ホームでは、1人で100人以上看ていたところもあったという。日本ならさしずめ、ブラック企業と言われるケースだろう。

ドイツでは、老人ホームは州の管轄なので、州ごとに規則が若干違う。しかも、何人の入居者に対して、最低何人の介護士が必要かを定める規則も、すでにある州と、まだ無い州がある。たとえば、バイエルン州では、夜間、1人の介護士が看るのは40人までという規則がある。つまり、規則のない州では、担当している入居者はもっと多いかもしれない。

結局、夜勤の介護士は、床ずれをしないよう寝返りを打たせたり、排泄の手助けをしたりというルーティーンだけでも十分忙しく、その上、さらに他の用事で絶えずナースコールが鳴り続けるとなると、手を消毒しながら、こちらのベッドからあちらのベッドへと、薄暗い廊下を夜中じゅう駆け回ることになる。しかも、たった一人で孤軍奮闘を強いられている介護士もまれではない。

ドイツでは、その歪みが裁判沙汰まで引き起こしている。夜中に入居者が転んだり、あるいは、脳こうそくを起こしたりしたのに、介護士が直ちに駆けつけられず、適切な対応がなされなかったため、重度の後遺症が出てしまったようなケースだ。その場合、医療費の支払いを医療保険が拒否することがある。医療事故はときに金額が莫大になるので、これをホーム側が弁償しなければならないとなると、破産にもつながる。だからと言って、介護士を増やせば、今度は経営が成り立たない。経費の節減は民間企業の鉄則、それも死活問題だ。

前述の日本での事件は、失禁で、替えたばかりのシーツや衣類を何度も汚され、思わず激高して、殺してしまったと言うが、これが、現在の老人ホームの苦境を象徴している。結局、日本のこの殺人事件も、そして、ドイツの隠しカメラ事件も、真の問題は介護士の絶対的な人手不足ではないか。

ドイツじゅうを揺るがした介護学生のひとこと

2017年9月にドイツで総選挙があった。選挙の前に、メルケル首相が有権者の代表150人と集い、彼らの質問に直接答えるというイベントが、公開で催された。

そのとき、ヨルデという名の21歳の青年の放った質問が、ドイツ中にセンセーショナルを巻き起こした。ヨルデ氏は介護士を目指しており、その勉強をしながら、北ドイツの老人ホームで実習中だ。彼の質問はいたって単純なものだった。

「ドイツのような国で、自分の排泄物とともに何時間も横たわっていなければならない人がいるなどということが、なぜ、起こり得るのか？」

つまり、質問の内容は目新しいことでも何でもない。それどころか、誰もが知っていながら、なるべく見ないようにしていたことだ。

しかし、このあとヨルデ氏はたちまち、あちこちのトークショーで引っ張りだこになった。しかも、彼はどこに出演しても、プロデューサーと視聴者の期待を裏切らず、名だたる政治家とも丁々発止と渡り合い、一種の国民的スターのような存在となった。

なぜか？　それは、ひとえに、テレビの画面にこの青年の顔が映り、生の声が聞こえてきたからだ。年老いていく国、ドイツ。誰もが感じていた老後の不安というものが、この青年の簡潔な言葉で、覆い隠せなくなった。ヨルデ氏のひとことは、ドイツ国民の琴線に触れたのだ。

このような若い溌剌とした好青年が、高齢者介護士を志している。劣悪な条件の下、懸命に高齢者の世話をしている。もし、今、政治が力を発揮できず、状況を改善できなければ、彼らは燃え尽きて、いずれ現場から去っていく。

では、そのあとは？　そこに横たわる高齢者たちは、本来なら、その子供である我々が手分けして看なければいけない人たちなのではないか。激しい不安、そして、良心の呵責《かしゃく》が、テレビを見ている国民の心を強く揺さぶった。現在、ヨルデ氏は、介護士養成期間の2年目に入ったが、彼の悲痛な声は、ドイツ国民の耳にまだはっきりと残っている。

こんなことのあった後だったため、2018年3月に発足した第4次メルケル政権では、介護政策の仕切り直しが大きな課題となった。新しい保健大臣となったシュパーン氏は、緊急プログラムとして介護における雇用の8000人増という目標を打ち上げた。ただ、ドイツ全土には、介護施設が1万2000ヵ所以上ある。雇用を8000人分増やしても、各老人ホームで介護士を1人ずつ増やすことさえ叶わない。シュパーン氏はたちまちそこを叩かれ、慌てて目標を1万3000人に引き上げたが、これだけを見ても、国民がいかに苛立っているかがよくわかる。

外国人介護士の流入で賃金の上がらないドイツ

ドイツは資格社会だ。どこに就職するにも、資格がないと難しい。人は学校でそれぞれの職業を学び、一定の養成期間を経て、試験を受け、資格を取得する。それは医者からパン屋まで変わらない。

職業資格は細分化されており、パン屋でも、パンを焼く人間と売る人間は別の職種で、パンを販売する人間と肉を販売する人間も別。また、同じ事務職でも、銀行事務員、建築会社事務員、病院事務員は、それぞれ別の資格となる。資格なしで勤めれば、賃金も待遇も最低になるし、出世のチャンスもない。ドイツでは、学校を出られなかった人が、あとから資格を取る方法は整備されているが、資格を取らないままaまともな職業に就くことはほぼできない。つまり、「田中角栄」が出にくい国ともいえる。

ただ、同じ資格があっても、もちろん、給料の高い職業と低い職業はある。理工系の技術者は、文系の職種より給料が良く、初任給からかなりの差がつく。一番低いのがサービス業。介護士は技術職でありながら、給与においてはサービス業のような位置にいる。

介護における人手不足解消の一番良い方法は、言うまでもなく賃上げと労働条件の改善である。そうすれば、介護士になろうという人がもっと現れ、辞める人も減るだろう。しかし、ドイツでは先に述べたように、安い外国人の労働力が入手できるため、人手不足解消は、結局、外国人に頼るという方向に進みがちだ。これは、日本より恵まれていると解釈すべきなのか、恵まれていないと解釈すべきなのかが、よくわからない。

安い労働力があれば、労働条件の改善や合理化が遅れるし、また、他の人もその悪条件で働かなければならなくなるという欠点がある。とはいえ、ドイツの場合、外国人労働者にもドイツの労働基準法が適用され、法定最低賃金も保証されているのだから、違法で悪辣な搾取とも言えない。また、外国人労働者が人手不足を緩和してくれているのだからありがたいことも確かだ。日本に比べれば、やはり恵まれているということになるだろう。

外国人介護士の受け入れをはばむ日本の資格制度

日本では、2017年、591人の外国人留学生が、介護の勉強をしていた。2014年に比べると、なんと、30倍に急増している。

それを尻目に、今後、外国人労働者をもっと増やすか否かという議論も盛んだが、しかし、少なくとも現在の介護の現場では、もう、そんなことを言っている余裕はない。人手不足は、このままでは、明日ではなく、今日の今、すぐに困るというところまできている。

厚生労働省はすでに、卒業後、5年間福祉施設で働けば、援助した学費（2年で計160万円）は全額返済免除という制度も設けた。また、独自の奨学金制度や支援制度を作っている介護学校も多く、卒業後、一定の条件をクリアすれば、やはり奨学金の返済が免除、あるいは軽減されたりする。

外国人が日本で介護士として働くには、介護福祉士という国家資格を取らなければならない。試験は、介護の学校で勉強しつつ、かつ、介護施設で3年以上の実務を経験した人が受けられる。

そこで民間の老人ホームでは、外国人留学生に奨学金を出して、介護の勉強をさせ、実習の場を提供し、卒業後、自社で引き取るということを積極的に始めているところもある。

ただ、留学生の最大の悩みは、日本語での試験だ。中国人は漢字と馴染みがあるので比較的試験に強いらしいが、それ以外の学生にとって、日本の文字を覚えるのは至難の業だ。それは、自分に置き換えてみると、よくわかる。アルファベットを使っている言葉なら、どうにか学べるかもしれないが、文字自体の違うアラビア語やキリル語を一から学ぶのは、どんなに大変なことか。ちなみに、長く日本にいて、ペラペラと日本語を話せる外国人でも、読み書きはできないというケースがほとんどだ。日本人は、それがわかっていない。

私の娘の一人は、ドイツの看護師・介護士の資格を取得したのだが、娘が短期間、日本の病院で実習していた時も、よく、それを感じた。彼女に電話口で「セイシキとは何か」と聞かれ、私はわからなかった。それが「清拭」を意味するとは、想像もつかなかったし、「コウクウ（口腔）」も「ヨヤク（与薬）」も、漢字を見て初めてわかった。しかし、外国人なら、漢字を見ても余計に混乱するだけだろう。しかも、介護の実習をしながらの試験勉強だ。

厚生労働省が2018年3月に発表したところによれば、2017年度の介護福祉士試験の受験者は9万2654人で、合格率は7割。合格者のうち213人が、経済連携協定（EPA）に基づいて留学していたベトナム、フィリピン、インドネシアの3ヵ国の人たちだった（この3ヵ国以外からの留学生も受験しているが、合格率などは明らかにされていない）。

国ごとの合格率をみると、ベトナム人が抜群で93・7%。日本人よりも良い。ベトナム移民はドイツにもたくさんいるが、その子弟の優秀さ、親の教育熱心ぶりはかねてより有名だ。2017年度は、EPAで入国したベトナム人が初めて受験した年だそうなので、彼らが外国人の合格率を押し上げたものと思われる。

ただ、その他の外国人にとっては、介護福祉士の資格はまだ狭き門だ。インドネシア人の合格率は38・5％で、フィリピン人が37・8％。

フィリピンやインドネシアなどアジアの留学生は、大家族の出身者が多く、しかも、老人を大切にする文化の中で育っている。日本の老人ホームの職員の間でも、また、介護される利用者の間でも、彼ら、彼女らの実習生としての評価はつとに高いが、やはり日本語のせいで合格率が低くなってしまう。「介護はとても上手なのに」という嘆きの声を、現場でよく聞いた。

EPAの留学生は、この試験に落ちると出国しなくてはならない。日本人なら、この介護福祉士の資格を持っていなくても介護の世界で働けるというから、余計に矛盾を感じる。せっかくやる気になって頑張っている人たちを追い返すのは、もったいない話だ。本人だけでなく、日本の高齢者も、そして施設も、皆が損をするのではないか。ドイツでは、外国人を入れ過ぎることによる社会問題もあるが、日本はそれらの問題点から学びながら、日本にとってベストな道を探るべきだと思う。

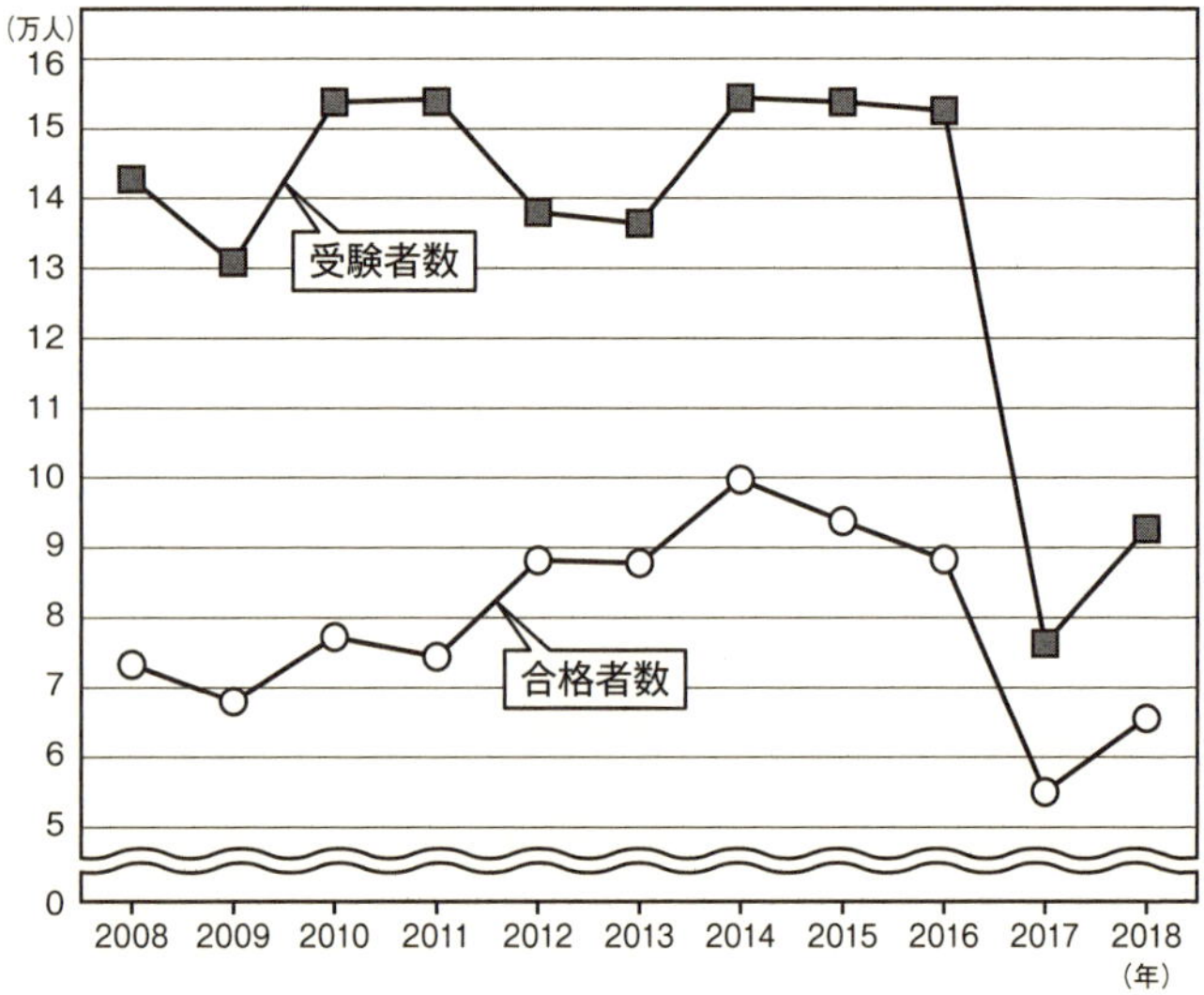

介護福祉士国家試験の受験者数・合格者数の推移　2017年に受験者数・合格者数ともに大きく減少したのは、福祉系高校・専門学校以外からの受験者に対し、20科目450時間の実務者研修が義務づけられたため。介護留学生総数は2018年で591人、EPA国の留学生の合格者数は2017年で213人と、全体に占める外国人の割合は非常に少ない。

出典：厚生労働省

介護ロボットによる劇的改善はしばらく無理？

人手不足の話になると、その解決方法として必ず出てくるのが、ロボットを使えばいいという指摘だ。すでに普及しているのは、完全に寝たきりの人を移動させたり、お風呂に入れたりする機械。

また、新しい施設などでは、ベッド上での動作を感知する「見守りセンサー」が設置されているところは多い。

このセンサーがあれば、ベッドの上の人の動作がシルエットで介護士のスマホに映し出される。足元の不安定な高齢者が一人でトイレに立とうとしたとき、これまでは、ナースコールや、センサー付きのマットだけだったため、職員が駆けつけたときにはすでに転倒していることもあった。だから、コールが鳴ったときの職員の精神的な負担も大きかったという。

しかし、見守りセンサーがあれば、高齢者がベッド脇に腰掛けた時点で、すぐにわかる。2018年4月の介護報酬改定では、このセンサーを導入すれば、わずかながら、職員の配置を少なくすることも認められた。そのほか、膀胱の尿の蓄積具合を感知する装置などもあるそうだ。うまく使えれば、的確な頃合いを見計らってトイレに誘導することができる。

また、介護士が体の一部に装着し、下半身から腰にかけての力を電動で補佐する外骨格のような機械、パワーアシスト。

高齢者の筋力は、使わなければ、あっという間に退化する。リハビリも、高齢者本人が努力しないことには始まらない。支えてあげれば自分で立てる人、あるいは、支えてあげればトイレに行ける人は、できる限り介助してあげるというのが、現在の日本の老人ホームの方針でもある。

ただ、今の高齢者は体格が良くなっており、昔より重い。だから、排泄介助のときなど、前屈みになっているうちに、介護士の腰にはどうしても大きな負担がかかる。ドイツでは、腰に負担をかけないということが鉄則になっており、処置をするときも、かがまないで良いところまでベッドを昇降させる。しかし、日本では、時間不足もあり、そこまで徹底していないため、腰痛が、職業病となってしまった。

そういう意味では、パワーアシストは希望の星だが、問題はやはりコストだ。工事現場にこの技術を導入すれば、力のない人を力仕事に投入できるので、それが生産を高めて利益を生む。すでに工場に導入されているハイテクロボットも同じだ。しかし、老人ホームでは、高価な機械に投資しても減価償却は難しい。高齢者介護は雇用は生むが、利は薄い。それが機械化の進まない一番の原因ではないか。

一方、介護の人材確保が難しくなりつつある中、厚生労働省が機械化に力を入れ出したという。介護ロボット、AI、センサーの開発を模索しているというから期待したい。ただ、一点豪華主義でハイテク技術が導入されれば、今度は違う問題も生じる。それを使いこなす技術や、メンテナンスが必要になる。

いずれにしても、老人ホームへのロボットやAIの大量導入は、それほど容易ではないだろう。どちらかというと、まだ夢の話。かくして、なかなか人手不足は解消されない。

第9章

介護と医療の待遇・職場環境改善闘争

東欧の労働者をドイツはどのように受け入れてきたか

現在のドイツでは、介護の仕事のかなり大きな部分を、外国人が担っていることはすでに書いた。多いのが、ポーランド、ルーマニア、ブルガリア、旧ユーゴスラビアのクロアチアなど、東欧やバルカン半島の女性だ。ポーランドがEUに加盟したのは2004年、ルーマニアとブルガリアは2007年、そして、クロアチアが2012年である。

EU内は、人も物品も往来が自由で、どこで働いても良いと言われているが、実際には、新規の加盟国に対してだけは、古参の加盟国は、自国の労働市場をすぐに100%は開かなくても良いという例外規定がある。突然、開放すると労働市場の混乱が起こる可能性があるので、それを防ぐための措置だ。

そこでドイツは、ポーランドやルーマニア、ブルガリアなどの国々に対して、許されている最長7年間のブレーキをかけた。ドイツが労働市場を正式にポーランド人に解放したのは、7年のリミットが切れた2011年からのことだ。ルーマニア人とブルガリア人は2014年から。

ちなみに、イギリスは当時、このハードルを設けなかった。そこで大勢のポーランド人が、2004年のEU加盟以来、怒涛のようにイギリスに渡った。その結果、現在、100万人のポーランド人がイギリスで暮らしているといわれる。イギリスでは、EU市民は住民届けが義務付けられていないので、はっきりした数がつかめない。

ただ、一つだけ確かなのは、今ではイギリスの病院や介護施設は、ポーランド女性なしには機能しないということだ。ということは、イギリスはブレグジット（EU離脱）で外国人労働者を追い出したかったわけではないだろう。いくら何でも、そんな無謀なことはできない。イギリスがEUを嫌った真の理由は、自国のことさえ自分たちで決められず、すべてEUの決定に委ねなければならなくなってしまったことに、堪忍袋の緒が切れたためだ。そして今も、それが正しい決断だったかどうかまだわからないというスリリングな状態が続いている。

低賃金の仕事を外国人にさせてきたドイツ

現在、ドイツで働いている外国人介護士が出身国で得た資格が認められるか、認められるとすれば、ドイツでのどれに当たるかは、それぞれ審査のうえで決められることになっている。

2018年1月に「Instituts für Arbeitsmarkt-und Berufsforschung（労働市場、および職業の分析のための研究所）」が発表した資料では、高齢者介護の資格を持つ介護士の額面平均給与は2621ユーロ（約34万円）。無資格者にいたっては、2〜3年の養成期間を経ていたとしても、たったの1870ユーロ（約24万3000円）。これは別に外国人値段ではなく、ドイツ人も同じだ（2017年、ドイツの全常勤労働者の額面平均月収は3770ユーロ〔約49万円〕だった）。

ここから、税金や社会保障費が差し引かれると薄給となる。とはいえ、東欧やクロアチアは、EU加盟国といえどもまだユーロは導入されておらず、ドイツで得たユーロを国に送金すれば結構な価値になる。ただ、それによりドイツ人の介護士の賃金も常に下に引っ張られてしまい、ドイツ人にしてみれば、外国人の安い労働力はいわば両刃の剣である。

ドイツの賃金は、低賃金セクターの職種では、他の西欧諸国と比べるとどれも結構低い。

法定最低賃金は2015年になってようやく取り入れられたが、時給8・84ユーロ（2018年、約1150円）と、フランス、イギリス、ベネルクス（ベルギー、オランダ、ルクセンブルクの3国のこと）など、同じような経済レベルの国々と比べると最安値だ（ルクセンブルクは11・55ユーロ〔約1500円〕、フランスが9・88ユーロ〔約1280円〕）。しかも、ドイツではそれさえきちんと守られていないケースが多々報告されている。

昔からドイツの産業界は、外国人労働者を上手に使い、賃金を安く抑えてきた。戦後の経済復興の時は、イタリアやスペイン、ギリシャ、ポルトガルなど南欧の貧しい国から労働者が入ったし、そのあと70年代には、さらに貧しいトルコから、90万人近い労働者が入った。そしてその後も、ソ連の崩壊、ユーゴスラビアの騒乱など、事あるごとに移民や難民を受け入れ続け、ここ7～8年は、EUの貧しい加盟国からの労働者が入ってきた。ちなみに、ブルガリアの法定最低賃金は、ユーロに換算すれば、時給1・57ユーロ（約200円）である。EU内の経済格差は激しい。

だから、現在、介護で働いている外国人も、ドイツ人にとっては、いわば、これまでの外国人の安い労働力利用の延長線上にあると思えば、わかりやすい。しかも現在は、アフリカ系の人たちも増えているし、また、近い将来は、2015年に大量に入った中東難民が、低賃金を保持してくれる可能性が出てきた。

ただ、戦後、連綿と続いてきた外国人労働力の導入と、現在、介護の世界に入ってきている労働力では、いくつかの大きな違いもある。

たとえば、戦後の経済発展の時期の労働者は、ドイツ政府と外国政府が結んだ協定に基づいて、やってきた。また、90年代に入ったソ連や旧ユーゴスラビアからの移民も、ドイツ政府が認め、受け入れた人たちである。

ところが、現在の労働力の移動は、EUという、当時とはまったく違った新しい枠組みの中で起きている。EUには国境がなく、域内を人間が自由に往来できる。そこにはすでに、自由経済の原則だけが幅を利かせる市場が出来上がっている。人件費はとことん切りつめる。安い労働力が入手可能なら、当然、賃金は上がらない。しかし、やってきた労働者も、他に条件の良い職場が見つかれば、やめていく。せっかく養成した介護士に辞められては、ドイツにとっては大いなる損害だ。

もう一つ、以前、ドイツに入っていた労働力と、現在、介護で入っているそれとの大きな違いは、昔の労働力は、本当の意味での労働力であったことだ。雇用者と被用者は別に気が合う必要はない。工場にせよ、サービス業にせよ、たいてい言葉もそれほど必要なく、まじめに与えられた仕事をこなせば、それで良かった。

ところが、介護はそうはいかない。人間と人間が向き合う仕事だ。しかも、身体的な接触がある。言葉や気持ち、あるいは、相性が重要な地位を占めてくる。介護する側とされる側が信頼し合わなければ、絶対にうまくいかない。従来のような単なる労働力の移動とは違い、その難しさは比べものにならない。

日本の介護士の給与は改善されつつある

では、日本の場合はどうか？　日本では、介護職員の待遇を改善しなければならないという社会の圧力が、最近とみに大きく、厚生労働省の音頭で、制度改革が進んでいる。たとえば、２０１２年から「介護職員処遇改善加算」という仕組みが取り入れられた。

これは何かというと、老人ホームやその他の介護サービス事業者が、従業員が資格を取ったり、長く勤続したり、あるいは、非常に良い人事評価を受けた場合に、それに応じた昇給が行われる賃金体系を整備すれば、介護保険からその施設に支払われる額が増えるというものだ。これにより、社会福祉法人などの金銭的余裕のない施設でも、頑張った介護士やヘルパーに昇給ができるようになり、施設側のジレンマが減少した。もちろん、職員のモチベーションも上がる。

この制度では、条件を満たした施設には、最大で介護士１人あたり3万7０００円／月が加算される。そして、すでにこの最大の加算を受けている施設が全体の64・9％。いずれかの加算を受けている施設も9割を超える。

2017年、この加算をフルに受けている施設の介護士の額面平均月給（常勤で、ボーナス、残業代や各種手当てをならした税込の月額平均）は、29万7450円で、前年に比べ1万3660円の賃上げ。2016年も、前年比で9530円上昇だった。つまり、介護職の給料はこの制度のおかげで、ここ4年ほど、年々アップしていることになる。ちなみに、2017年の日本のフルタイム勤労者の全職業平均月給は、30万4300円だったので、介護職との差はほぼ解消されたといえる。朗報である。

ついに起きたドイツの病院でのストライキ

2015年6月、ベルリン大学附属シャリテー病院で、看護師と介護士が初めてのストをした（その2ヵ月前の4月には警告ストを実施）。

ドイツの病院において、医師の存在は利益をもたらす大きなファクターだということは、すでに書いた。たとえ手術をしなくても、診療が増えるだけで病院の経営状態は向上する。そんな理由もあり、ドイツの医師の数は、1995年から2016年で、10万1600人から15万8200人と大幅に増えた。だから、本来なら看護師や介護士も増えて当然なのだが、こちらは一向に増えない。

しかし、介護士不足は、利益の追求に余念のない私企業の責任というよりも、医療や介護という福利厚生を、私企業の手に委ねてしまった政治にもある。人手不足は起こるべくして起こっているのである。これがさらに進めば、最後には、満足のいく医療は金持ちしか受けられないという困ったことにもなりかねない。

シャリテー病院は1710年に、ペスト患者の隔離施設として作られた伝統ある病院だ。今ではベッド数3000床、3700人の医学研究者と医師、そして7000人近い学生を抱えるヨーロッパで一番大きい大学病院でもある。

ドイツでは、2016年より段階的に、病人介護と高齢者介護、そして、小児介護の3つの職業の資格を、一本化している。だから、このときのシャリテー病院のストでも、人手不足という問題を共有していた看護師と介護士が共闘した。ストの要求は賃上げではなく、一人の患者に対して、何人の看護師、および介護士を付けるかという職員体制を規定し、実行してほしいというものだった。人員切りつめの下で苦しんでいる彼ら、彼女らにとっては、それが何より大切なことだったのだ。

そして、このストを、サービス業の労働組合連合 ver.di が全面的に支援した。「病室は、まるで鉄道の操車場のよう」「慢性的な人手不足で、時間に追われ、患者を急かし」「ミスを犯す危険が高まっている」と、彼らは訴えた。ヒリヒリした焦燥感が伝わってきた。

ドイツと日本とで大きく違うのは、労働に対する考え方だ。そもそもドイツでは、労働がありがたいものだという意識は、長らく失業している人以外は、あまり持ち合わせていない。たいていのドイツ人は、労働しないで過ごせるならそれに越したことはないと思っている。だから現在、ドイツ人は無類の几帳面さで、自分の義務である労働時間より1分でも長く働かないよう、細心の注意を払っている。

そういう空気の中では、当然、労使は敵対する。職人の世界は例外だが、労使のあいだに家族意識のある企業などあまり聞かない。しかも、皆、権利意識が強いので、パイロットでも鉄道職員でも、利用者がどんなに迷惑しようが、待遇改善を求めるときは、ストを打つ。そうなると、利用者は完璧に無視され、もちろん、誰にも謝ってもらえない。ストは、れっきとした労働者の権利なのである。

これまで看護師・介護士はストを避けてきた

ところが、介護士と看護師は、これまでそういう文化とは縁がなかった。

病院の医師や、歯科の開業医がストをすることはあっても、介護士と看護師はこれまでストをしなかった。労働組合が脆弱だということもある。彼らの利益を代弁してくれるロビーがないということもある。しかし、ストをしなかった理由は、それだけではない。おそらく、彼らが介護士であり、看護師であったからだ。

工場の従業員は、要求を通すためには、生産を止めればよい。大病院の医者なら、診察を中止し、手術を延期する。しかし、看護師と介護士は、あまりにも差し迫った現実と向き合っていた。彼らがいなくなったら、動けない人はどうするのか。多くは命に関わることだった。また、命に関わらなくても、ストのせいでひどくなった床ずれや、病状の悪化の後始末で、その後さらに多くの困難を背負いこまなければならないのは、やはり彼ら自身であることがわかっていた。

看護師や介護士の労働条件は過酷だった。ドイツの老人ホームは、約半数が私企業だ。私企業の目標は、病院にしろ、老人ホームにしろ、利益の追求だ。削れるコストを削るのは、当然のことであり、それは人件費だった。

看護師も介護士も、毎日、決められた終業時間に帰宅できるかどうかさえも怪しかった。急に病人が搬入されたり、介護士が1人病気になったりすれば、誰かが急遽、その代わりを務めなければならなかった。彼らの肩に、病人や高齢者の命がかかっていた。

社会でそれほど重要なポジションを占めているというのに、彼らの待遇が一向に改善されずにここまで来たのは、まさに信じられないことだった。それどころか、待遇は年々ひどくなっていた。毎年、看護師は減り、看るべき患者は増えていった。つまり、２０１５年のシャリテー病院のストの直前、機は熟していたのである。

彼らは作戦上、まず、手術室付きの看護師をストに突入させ、同時に、新規の入院患者の受け入れを制限した。手術が滞ると、病院は経済的打撃が大きい。このストで、全体の25％、計７５０床が空きベッドとなった。興味深いことに、慢性の疾患を抱える患者までが、看護師のストを応援した。結局、病院の幹部が新規雇用を約束して、10日間でストは終わった。ストの効果は絶大だった。

このあと、シャリテー病院の精神は、熱病のようにドイツ全土に広がった。多くの病院が雇用拡大のため、また、法定の勤務時間や休憩時間の厳守のためにストで戦った。病院側はそれを違法として裁判所に訴えたが、軒並み敗北した。ドイツの政治家が、長年のあいだ、目をつぶってきたことが、あっという間に日の目に晒された。

老人ホームの介護士にはストによる闘争が不可能

ここで、話を再び老人ホームに戻す。残念ながら老人ホームの介護士は、あちこちの大病院で待遇改善の要求が盛り上がっていたときも、ストという手法に、チャンスを見出すことができなかった。なぜか？　老人ホームには、病院の手術室のように、膨大な利益を生み出す部門がないため、入居者への影響を最小にしつつ、一部の利益部門を麻痺させて、経営者に痛手を負わせるというような作戦の遂行が、不可能だったのだ。

もちろん、私立の老人ホームの経営者を、一概にブラックだと決めつけるのは正しくない。よい介護を心がけているホームもたくさんある。ただ、実際問題として、高齢者介護という職業を私企業に任せ、その運営を自由市場の法則に委ねるからには、やはり、それなりの法律を作り、しっかりと監視することは必要だろう。そうでなくては、介護士の労働条件も、利用者が尊厳を保てる介護を受けることも、保証されなくなる。そしてドイツでは、シャリテーのような大病院で、ようやくその要求が緒に就いたばかりだった。

日本の介護は「若者の善意」に甘えている?

では日本は? 日本ではすでに政府が介入して、介護士の賃金の引き上げを図っているものの、人手不足はなかなか解消されない。

その原因は複合的だ。賃金の上がらなかったのは介護士だけではなく、その他の多くの職業でも同じだったということもその一つだろう。日本では、1990年代から2010年まで、実質の経済成長は平均すれば年率1%以下だった。失われた20年だ。

また、日本の労働者が、もともと労働闘争をしないということもある。つまり、言ってみれば、日本人の性格だ。

ドイツ人なら烈火のごとく怒ることでも、日本人は、たいていそこまで腹を立てない。いや、腹は立てても、攻撃的にならない。日本人は争いを好まないし、交渉のストレスにも弱い。権利意識が不足しているのかもしれないし、我慢しすぎかもしれない。そのうえ日本には元々、労働のすべてをお金に換算しないという文化もあった。

さらには、価値観の変容。若者が、労働の価値をどこに置いているかということだ。2013年の新入社員1002人を対象に日本能率協会が行った調査によれば、若者が「どうしても犠牲にしたくないこと」の第1位が、「仕事とプライベートの調和」(32%)、2位が「奉仕・社会貢献」(29%)、3位が「安定」(17%)だった。「創造性」とか、「困難への挑戦」とか、「豊かな生活」が挙がらない。若い人たちが、お金やチャレンジのためには動かなくなっている傾向が、仕事選びに表れているといえる。

奉仕とか、社会貢献が大きな地位を占めているのは、高度成長のあとで、経済が停滞してしまい、次第に格差の出てきた不平等な社会をつぶさに見て育ってきたからなのだろうか。それなのに、この低成長期に生まれ、育ってきた彼らは、なぜか生活に対する満足度が高い。だから、この世代の介護職を選んだ若者たちが、高賃金や高待遇を求めて労働闘争に走らないのは当然の帰結のようにも思える。おそらく、謙虚で欲の少ない若者が多いのだろう。

しかし、本当にそれで良いのか？　そうでなくても、日本の福祉は高齢者に重点が置かれ、若者の取り分が少ないといわれている。若者が何も言わないからといって、彼らに負担を押し付け、その善意に甘えていては、いつか大変なことになるのではないか。

人手不足の末にある
医療崩壊・介護崩壊

最後に付け加えるなら、ストが成功裏に終わったドイツの病院でも、人手不足はまだ全然解消されていない。ストでようやく増員が決まった病院でも、応募者が来ないのだ。

現在、一人の介護士が辞めると、その穴が埋まるまでにほぼ半年がかかるそうだ。ただ、欠員があれば、人件費が減るので、採用をそれほど急がない経営者もいるというから、問題の根は深い。その間、チーム全員に負担がかかり、最終的には高齢者にしわ寄せがいく。すでにその状況は深刻で、医療事故や虐待の増加を防ぐためにも、一刻の猶予も許さないところまできている。

第10章 延命治療をするか、否か？

麻生大臣発言の報道に見る終末医療議論のすれ違い

北欧には寝たきり老人はいないなどという報道を見るが、少なくとも、ドイツにはかなりたくさんいる。先に書いたように、娘の一人はドイツの看護師・介護士の資格を持っている。娘が看護の勉強をしていた頃、実習ですべての医療部門を回ったが、老人ホームで受けたショックは、末期がん患者のホスピスよりも大きかったという。意識のない老人が横たわっている。家族もほとんど来ない。それを見た娘は、「ママ、早く死んだ方がいいよ」と助言してくれたが、いつが「早く」なのかもわからない。とにかく老後、とくに終末医療のことは、考えれば考えるほど自己矛盾が生じて、お手上げになるばかりだ。

少し古い話だが、２０１３年１月、ドイツの有名なニュース週刊誌シュピーゲルのオンライン版に、次のような記事が載った。「(麻生) 大臣が介護の必要な人間に早く死ぬよう要請

(Minister fordert Pflegebedürftige zum schnellen Sterben auf)」という見出しで、リードは、「彼(麻生氏)は、介護の必要な人間ができるだけ早く死ぬように訴えた(Er appellierte an Pflegebedürftige, möglichst bald aus dem Leben zu scheiden.)」。

本文には、「日本の財務大臣麻生は、社会保障の改革委員会の会合で、急激な改革案を表明した。72歳の大臣は会合で、『死にたいのに生きることを強制されて、そのうえ、すべて政府が金を払っていると思ったら、ゆっくり眠ることさえできない』と述べた」と続く。

びっくりして、すぐ日本のニュースを探したら、朝日新聞デジタルが麻生大臣の言葉を次のように引用していた。「いい加減死にてえなあと思っても、『とにかく生きられますから』なんて生かされたんじゃあ、かなわない。しかも、その金が政府のお金でやってもらっているなんて思うと、ますます寝覚めが悪い」となっている。

これを読むと、麻生氏が自分の場合ならどうしたいかを述べたものと取れる。日本語には往々にして主語がないが、ドイツ語は主語なしでは文章が作れない。だから、麻生氏の言葉をドイツ語に訳すなら、主語は当然「私」になるはずだ。「私はかなわない」、「私はますます目覚めが悪い」ということだ。

ところがシュピーゲル・オンラインのドイツ語訳では、主語は「私」ではなく、不定代名詞の「man」、つまり、不特定の人々一般をさす名詞となっていた。すなわち、ニュアンスはまったく違ってくる。誤訳以外の何ものでもないが、私が不愉快だったのは、その誤訳が故意のように感じられたからだ。

そもそも、この記事には腑に落ちないところが多すぎた。麻生氏の発言とされている「老人はできるだけ早く死ぬように要請した」という内容も、朝日新聞のデジタルニュースには見当たらなかった。私はその場にいたわけでないので、麻生氏の正確な発言内容はわからないが、〝大臣が介護の必要な人間に早く死ぬよう要請〟という見出しは、いったいどこから出てきたのだろうか？　これだけ読めば、人非人の大臣だ。

いずれにしても麻生氏は、「自分なら、意識もなく生かされるより、自然に死にたい。そう思っている人は多いのではないか」という意味で、「さっさと死ねるようにしてもらうとか、いろんなことを考えないといけない」（朝日新聞デジタル）という発言に至ったのだと察する。もちろん、この言い方自体は少々乱暴だが、しかし、内容自体はそれほど間違ってはいない。これこそが、日本だけでなく、世界の先進国で一様に懸案になっている終末期医療の問題ではないか。

なかば強制的に延命治療が行われてきた日本

延命治療は大きく3つに分けられるそうだ。①人工栄養（おなかに穴をあけて胃に直接栄養を入れる胃ろうや点滴）、②人工呼吸、③人工透析。とくに①の人工栄養による延命措置を止めようという動きは、もちろんドイツにもある。

チューブで流動食を流し込まれ、ただ、呼吸をしているだけの人を見て、正しい医療のあり方だと思う人は少ない。これこそ人間の生きる権利だ、医学の進歩はありがたい、自分もそうしてほしいと考える人がいるなら、お目にかかりたい。とはいえ、そんなふうに意識がないまま生きている親戚や知り合いが、ドイツ人にも日本人にも、たいてい周りに1人ぐらいはいるというのが現実ではないか。

ついひと昔前までは、ドイツにも日本にも老人ホームなどあまりなかった。意識のないまま延々と生きている老人もいなかった。

昔の偉人の伝記などを読んでいると、皆、やけにあっさりと亡くなる。作曲家ワーグナーは、旅行先のベニスで、『人間における女性的なるものについて』という論文を執筆中に心臓発作で亡くなった。ゲーテの死を描いた絵では、彼は椅子に座って死んでいる。ムンクの絵「病室の死」でも、ムンクの姉ソフィエはやはり椅子に座っている。ドイツのカール・マルクス博物館にある彼の椅子も、「マルクスが読み、書き、死んだ」椅子といわれる。人々は弱り、そして、自然に亡くなったのだ。

中学生の頃、親友の家では、居間の片隅におばあちゃんが寝ていた。家族が学校に行ったり、仕事に行ったりしながら、皆で手分けして面倒を看ていたのだろう。遊びに行った私たちも、おばあちゃんの枕もとを、当たり前のようにバタバタと歩いていた。おばあちゃんは何も言わなかったけれど、横になったまま、なんとなく生活の一部となっていた。そして、いつしか弱り、自然に亡くなった。

もちろん、今ではそんなことはほぼ不可能だ。家で高齢者を一人で看るには、よほどの覚悟がいる。もっとも、その覚悟さえすれば、ケアマネ、医者、ヘルパーなどチームを組んで、ずいぶん助けてくれるとも聞く。

とはいえ、一人暮らしの高齢者がだんだん弱ってくると、「何かあると困るし、火事も心配」と言われ、老人ホーム行きになりかねない。そして、そのうち病気になって老人ホームから病院に搬送され、ちょっと油断すると、栄養を注入され、ベッドの上で生き永らえることになる。

「年をとると、むせやすくなり、誤嚥《ごえん》性の肺炎が多くなります。それを繰り返し始めた時点で、以前は、医者がほとんど当たり前のように胃ろうを行いました」と、ある老人ホームの施設長。

母親に胃ろうをするかどうかと医者に問われた私の知り合いは、最初は「ノー」と言ったが、結局は胃ろうとなった。「『そうしないと死んでしまいますよ』と言われると、『いいですよ』とはなかなか言えないものよ。何だか自分が殺すみたいで」とその人は言った。他の延命措置にしても、日本では、それを受けるかどうか、本人が決定しているケースはわずか2~3%で、3分の2が家族、残りは医者が決めるそうだ。そばにいる家族が、自然に任せたいと思っているのに、遠くの関係ない親戚が口を挟んでくることも結構多いという。

ドイツでは、意識のしっかりしているうちに、本人が一筆書いて置かない限り、延命治療は自動的になされる。日本と同じだ。麻生氏は、「私は遺書を書いて『そういうことはしてもらう必要はない。さっさと死ぬから』と書いて渡してある」と語ったというが、つい最近までそれは一般的とはいえなかった。でも、これからはどんどん増えるのではないか。

延命治療が患者を苦しめることがあるのはなぜか

前述の老人ホームの施設長によると、この10年ほどで胃ろうや点滴など延命措置に関する考え方は、劇的に変わってきたという。

ホームで高齢者を受け入れるときのアンケートに、「延命措置を希望するか、否か」という項目がある。ついこの間までは、その設問さえ嫌がる家族が結構いたらしい。「そんな縁起の悪い話はしたくない」。つまり、死は必ず、しかも遠からず訪れるものであるにもかかわらず、それについて語ること自体がタブーだった。

ところが、今ではそれがタブーでなくなったばかりか、「延命措置を希望しない」という家族が増えた。自分の意思として、それを書き記しておく制度も、「リビング・ウイル」という名で整備され始めている。人工栄養での延命措置のデメリットが広く知られてきた証拠だ。

また、胃ろうを強く勧める医者も減った。胃ろうは当人のためではなく、家族の満足にしかならない、というのがようやく通説になりつつあるという。それを先の施設長は、「生命の質を重視するようになったから」と表現した。死は、再び、少しだけ「自然」に近づいてきたのかもしれない。

私が尼崎の開業医である長尾和宏医師の存在を知ったのは、ドイツで偶然、ＢＳフジのプライムニュース（２０１７年7月19日）の「２０２５年…超高齢時代へ　現役医師が語る終末期」という番組を見たからだった。その放送の中で氏は、病院での延命治療、とくに点滴に大きな疑問を投げかけていた。病院では、食べられなくなったら栄養補給の意味で、ほぼ自動的に点滴をする。しかし、その点滴こそが、死ぬ間際の高齢者を無為に苦しませる原因だと彼は言う。

弱った体は入ってきた多くの水分をうまく代謝できないため、タンや咳が増え、患者に不必要な負担をかける。水分を入れすぎたための弊害は、ほかにもたくさんある。心不全、肺水腫、腹水、胸水……。すると、その水を抜いては、また点滴をする。

それどころか、がん患者の場合は、点滴の栄養ががん細胞を肥やし、かえって死期が早まったりもする。本来なら、人間は年とともに水分を失い、枯れるように亡くなる。赤ん坊は体重の80％が水分で、成人すると60％、死ぬ間際の人は40％。「人生は、脱水への旅です。放置しても良い脱水があるのです」「点滴で苦しんで亡くなる患者のことを、私たちは溺れ死にと呼んでいます」と長尾氏は言った。

延命治療せずに在宅で迎える「平穏死」の実際

その後、日本に戻り、氏の著書、『「平穏死」10の条件』という本を読んだ。極めて衝撃的だった。それを読みながら、医療は科学だが、終末期医療は哲学でもあると感じた。

現在は、医療が発達しているので、ある程度、死期を延期することが可能だ。しかも、病院や医師にとって延命は至上命題で、それどころか、医者にとって「死」は敗北を意味するともいえる。延命措置が、多くの場合、病院の利益につながることも、触れておかなくてはならないだろう。延命されている親の年金を受け取っている家族が、何が何でも延命を望むという現実もある。世の中のすべての出来事は、お金が絡むと複雑になるが、高齢者問題も延命治療も、さまざまな利害が交錯するという点では、その例外ではない。

ただ、そこまで「死」と密に接していながらも、「死の迎え方」や「死のあり方」について考えることは、医者の役目ではない。だからこそ、死や、死の迎え方については、私たちが自分で考えなければならないのだ。

長尾氏が、長年の病院勤務を辞めて開業した理由は、地域の在宅医療に携わり、病院ではできなかった末期がん患者の往診がしたかったためだという。以来、氏は実際に1000人以上を在宅で看取った。その長尾氏が、開業17年目にして著したのが前述の『「平穏死」10の条件』。現場にいる者だけが語ることのできる、さまざまな貴重な言葉が満載だ。

たとえば、冒頭に出てくる「勤務医時代に看取らせて頂いた死と、在宅で看取らせて頂いた死では、最期の苦しみが全く違うことに気がつきました。在宅での最期はほぼ全てが『平穏死』でした」という一節。

さらに、若かった頃の話として、「食道静脈瘤破裂で吐血した患者さんに、せっせと輸血をし、鼻から無理やり管を入れ、輸液ポンプで大量の点滴を入れて水膨れ状態にしていました。こうした『治療』によって、患者さんの命を『延ばす』ことが医者の使命だと思っていました。終末期は、延命処置をやればやるほど、患者さんの苦しみが増えるのです。……患者さんをそのように苦しめていた犯人が、実は『私自身』であることに気が付いていなかったのです。今思えば、もっと早く気が付くべきでした。しかし今では、これらのことを自信を持って言えます。ただただ、研修医時代にお看取りしたたくさんの患者さんには懺悔の気持ちでいっぱいです」(同書)

「平穏死」という言葉は、2010年に上梓された石飛幸三医師の著書『「平穏死」のすすめ』で、初めて使われた言葉だという。これは尊厳死とほぼ同じ意味で使われているが、響きがそれほど堅苦しくなく、また、自然死ほど放置されたというイメージもないため、以後、いろいろなところで好んで使われるようになったらしい。一方、「安楽死」というのは、人為的に死期を早める措置をとることなので、尊厳死、平穏死、自然死とは、根本的に違う。

「平穏死」は、つまり、延命治療をせず、なるべく自然に任せながら迎える死ということだ。「それまで平穏に生きよう」という素直な願いのこもった言葉でもある。在宅だけではなく、老人ホームでの自然な看取りも「平穏死」に入る。

長尾氏によれば、平穏死では、たいていの患者が最後まで意識がはっきりしているという。

なぜか？　自宅では点滴をしない、あるいは、少ししかしないため、患者は溺れず、苦しまない。だから、鎮静剤を打つこともない。すると、最後まで意識が混濁せず、家族と意思の疎通が可能となる。

ときには、もうダメだと思って病院から家に連れ帰ってきた老人が、点滴を止めたら、また口から食べられるようになったり、とっくに亡くなってても不思議ではないような数値にもかかわらず、結構長く生きたりするケースもあるという。人間の体というのは、元来、いろいろな状況に順応する力を持っているのかもしれない。

財政破綻の影響で「平穏死」が実現した夕張市

もっと極端な話もある。２００７年、財政が破綻した夕張市は、以来、自治体ではなく、国に財政を管理されている。税収が8億円しかないのに、毎年26億円も返済しなくてはいけないのだから、第一次世界大戦のあとのドイツのようだ。そこで税金は値上げされ、人は去り、図書館や美術館は廃止。市役所の暖房は5時に切られたので、残業すると部屋は零下になった。「最高の負担、最低のサービス」と言われた。

当然、医療にかけるお金も節約され、一つあった市立の総合病院も無くなってしまった。

正確に言えば、それまで171床あった病床が小さな診療所の19床に減少。医者も去り、医療機器もなくなった。夕張市内には、CTもMRIも1台もない（2014年の状況）。しかも、救急病院もなくなった。

夕張の高齢化率は48％で、全国平均は27・7％だから1・7倍ほどだ。そんな高齢地域で医療が崩壊したのだから、さぞかし悲惨なことになっただろうと思いきや、実は、高齢者医療費も、救急車の出動回数も減り、死亡率には変化がなかった。高齢者医療費や救急車の出動回数が減ったのは、病院がないに等しいのだから当然だとしても、死亡率が変わらないのは興味深い現象だ。これについては、南日本ヘルスリサーチラボ代表の森田洋之医師が、自著『医療経済の嘘』で紹介しているが、氏の達した結論は、「病人がいるから医療がある」ではなく、「病床がある分だけ病人が作られる」。夕張ではしかも、無理な延命もなされなかったので、自宅で穏やかに看取るという、まさに長尾氏の言う平穏死までが実現できた。

私の父が最後に固形物を食べた瞬間

私の父の直接の死因は、誤嚥性の肺炎だった。父は90歳で、すでにその1年前ぐらいから、よくむせるので、食事は刻み食になり、そのあとピューレになっていた。父のトレーには、いつもおかゆと、とろみをつけたお汁と、あとは2種類ぐらいの、色と味付けの異なったピューレが載っていた。時々私ももらって食べてみたが、形がなくて、味だけあるのは、何だか妙だった。宇宙食はこういう感じかなと思ったりもした。

当時、私の両親は同じホームの違う部屋に住んでいた。そこへ入居して初めてのお正月、弟夫婦と私はホームに、イタリアンレストランで作ってもらったお節を持ち込んだ。ホールの一角を借り、テーブルにイタリアンお節を並べた。弟が父のため、持参した小さなまな板の上で、あれやこれやを細かく刻んだ。「はい、これがパパの分」

シャンペンを開け、食事が始まった。ところが、宴もたけなわの頃、私たちがちょっと油断した隙に、父はすばやく全形を留めたローストビーフに手を伸ばしたかと思うと、あっという間に口に放り込んだ。パクリ!!

驚いた私は、「あ、パパ！」と叫び、一瞬、どうしようかと迷った。しかし、吐き出せとは言えなかった。あとは野となれ、山となれ、とにかく食べさせてやりたくなった。

私たちが固唾を飲んで見守る中、父は満足そうにローストビーフを噛み続け、そのうちごっくんと飲み込んだ。この時だけは、むせもしなかった。私はホッとして、「あっぱれ！」というような気分になった。そして、「ああ、よっぽど食べたかったんだ」と思った。父が固形物を口にしたのは、おそらくこの時が最後だったと思う。

その後も、いくらおかゆやピューレでも、父はいつも可哀想なほどむせていた。

2015年の夏、父が肺炎を起こした時、私はドイツにいた。1度目は抗生物質ですぐに治ったが、しばらくしたら、また起こした。バイ菌は唾液の中にもいるのだから、気管支と食道の入り口が緩んでしまうと、肺炎になりやすい。たとえ胃ろうにしても完全に防ぐことは難しいと医者は言った。父の熱は上がったり下がったりしていた。

父の延命治療を望む私に、弟が返した言葉

ドイツにいた私のところに、「この肺炎が治っても、また同じことが起こるだろう。もう、長くはないよ」と、弟が言ってきた。私は取ってあった飛行機のチケットをすでに早めていたが、しかし、その時はまさか、父の死がそんなに間近に迫っているとは思っていなかった。

その頃の私は、終末期医療、とくに点滴についての知識もなかった。それに比べて弟は、職業柄も医療とのつながりが深かったせいもあり、延命治療については旗幟鮮明《きしせんめい》だった。

「痛みなどがない限り、病院には移さず、治療は引き続き、ホームの医者に任せる。そして、点滴はしない」

その数日後、父の熱は下がったが、「水を飲まなくなった」という知らせがあった。「喉が

乾かない？」と焦る私に、弟は「いや、別に欲しがらない」「今は、唇を湿しているだけ」と答えた。

信じられなかった。水分を摂らなければ、人間は2〜3日で死んでしまうというのが、私の常識だった。その時点で、私が日本に着くまでの日を数えると、まだ9日あった。当時、私はドイツで、映画の撮影の仕事を引き受けてしまっていた。チームはすでに他国のロケ地に出発しており、まもなくドイツに来る予定だった。それを間際でキャンセルしては、あちこちに計り知れないほどの迷惑がかかる。どうしても動かせない。だから、それが終わったらすぐに発つつもりだった。しかし、9日後には、父はもういないかもしれない。

焦った私は、弟に言った。「点滴で、せめて私が戻るまで保たせてちょうだい！」

すると、弟は言った。「そのあとは？　そのあとはどうするんだ？　あなたが帰ってきたら、『はい、じゃあ、点滴は切ってください』と言うのか？　点滴は、本人を苦しめるだけだ」。私は返事ができないまま、パニックに陥った。

延命治療を受けなかった父の平穏な死

結局、父は私が日本に戻る前に亡くなった。その前々日と前日、私は父とスカイプのテレビ電話で交信した。父は話す力がなかったので、交信は傍目には一方通行だったが、私は、その父の眼力にたじたじとなっていた。

普段かなり呆け気味だった父は、そのとき完璧に覚醒していた。人間は死を目前に、異様な集中力を発揮することがあると聞いたことがあったが、目の前で、まさにそれが起こっていた。

父はいわゆる企業戦士。戦後の日本の経済成長を背負って立った世代の人間だ。私が子供だった頃、平日は一緒に夕飯を食べたことなどなかったが、その割には、思い出が山ほどある。それも楽しい思い出ばかりだ。

スカイプに向かって「パパ！　ねえ、あれ、覚えてる？」と話しかけているうちに、いろいろな光景が次々と脳裏に浮んだ。

大阪に住んでいた私たちは、日曜日に一家でよく六甲山に登った。山で飯盒を2つ使って、ご飯を炊き、カレーを作った。父は火を起こすのが上手だった。あのカレーの美味しさは今でも忘れられない。

お正月が近くなると、凧揚げをした。父は竹を炙って、市販の安い凧を補強し、長い足を付け、10巻もの糸を繋いでかまぼこ板に巻きなおした。私たちの凧は他のすべての凧を席巻し、豆粒のようにしか見えないほど高く揚がった。弟と私は、どんなに得意だったか！

日曜日、家にいると、父は必ず私に「ピアノを弾いて！」と言った。私はその度に「いやだあ」と勿体ぶって、でも、ちょうど練習していた曲を弾くのだった。一曲が終わるごとに、「上手、上手」と拍手喝さいしてくれる父。そういえば、その後、大学を出てコンサートで弾くようになってからも、父はいつも駆けつけて、最前列で盛大な拍手をしてくれた。

モーツァルトのソナタへ長調（ＫＶ３３２）を弾いた時のことは、とりわけはっきりと覚えている。やはり、日曜の午後、中一の頃だった。この曲は、３楽章の出だしがドラマチックで格好いい（と私は思っていた）。得意そうに弾いている自分と、それを聴く父、ピアノの横の窓、そこからの景色、公害たけなわだった頃の濁った空気の匂いまで思い出した。なぜ、こんなに鮮明に、あの日のことが蘇《よみがえ》るのだろう。

そのとき、「そうだ、ピアノを弾こう！」と思いついた。しゃべることも、もうあまりない。「パパ、では今からピアノを弾きます！」と、私はスカイプの中の父に言った。ピアノの前に座ると、そばにいた三女が、ノートパソコンを私に向けて抱えた。練習不足なのでゆっくり弾いた。あとで弟が、「リズムに合わせて指を動かしていたよ」と教えてくれた。

私は、翌日もスカイプでピアノを弾いた。バッハの平均律。そして「赤とんぼ」と「エーデルワイス」。父のお気に入りで、私の伴奏でよく歌った曲だった。

父は歌が大好きで、若い時から晩年まで、いつもどこかのコーラス団で歌っていた。父の

「マイ・ウェイ」は圧巻で、カラオケでは朗々と歌いすぎて、いつも伴奏と合わなくなった。あまり動けなくなってからは、部屋にこもって総譜を見ながら、かつて歌ったレクイエムなどを聴いていた。

しばらくすると、「もう疲れるから、今日はここまで」と弟が言って、「じゃあね、またね」と、三女と一緒に手を振ってスカイプを切った。

その日の夜の10時頃、同じホームにいる母が「おやすみなさい。また明日ね」と言って、自分の部屋に戻った。11時、ホームの人が見回りにきて、「川口さん、大丈夫？」と声をかけると、父は頷いたという。その1時間後、再び見回りにきた人が父の体位を変えようとして、初めて亡くなっていることに気づいた。それほど安らかに、一人で、父は逝った。

延命治療をすべきだったか？
遺された者の迷い

老人ホームの施設長によれば、施設で看取る人たちは、皆、穏やかに旅立つという。最後、呼吸が荒くなったりすることはあるが、「ひどく苦しんでいれば、それなりの表情が残るでしょう。しかし、そういう苦悶の表情を見たことは、いままで一度もありません」。

だから私は、父も苦しまず、安らかに逝ったと信じている。また、父が意識もないまま、長く点滴で生き続けなかったことも、良かったと思っている。

ただ後悔は、その言質《げんち》を、生前の父から取っていなかったことだ。それどころか父は、かなり前、冗談だか本気だか、「延命措置はすべてしてほしい」と言ったことがあった。だから、死の直前、意識が覚醒した一瞬、スカイプの中の父は、「なぜ点滴をしてくれないのか」と怒っていたのではないかと思ったりもした。

そして、当然、もう一つの後悔は、父の頭がはっきりと覚醒したそのとき、そばにいられなかったことだ。しかし一方、そばにいたなら、覚醒しなかったかもしれないとも思う。ここらへんは、多くの「イフ」が交錯する。

もし、私を待つために点滴をしてもらっていたなら、どうなっていたか？　私は死に際に駆けつけて満足したかもしれないが、父は安らかに死ぬチャンスを失ってしまった可能性があっただろう。そして、私は父のためにピアノは弾けなかった。いずれにしても、点滴で生き延びた父には、絶対に「あの覚醒」はなかったと、なぜか私は信じていた。

のちに長尾氏の本を読んで、その考えは確信に変わった。ただ、永遠にわからないのは、その覚醒した一瞬に、父が何を考えていたかだった。本当に、「延命治療をしてほしい」と思っていたのだろうか。ただ、それがなされれば、父はもう少し長く生きたに違いないが、しかし、意識はどんどん希薄になっていっただろう。だったら、延命は誰のために？　こんなことを考え出すと、もう切りがなかった。

「北欧には寝たきり老人がいない」の本当の意味

この章の冒頭に、「北欧には寝たきり老人がいない」と言われている話を書いた。スウェーデンでは、胃ろうをするか、しないかのラインは、極めて明確だ。延命のためだけの胃ろうはしない。また、点滴も、ただの延命のためだけなら、やはりしない。

寝たきりの老人がいないと言うと、いかにも老人が皆、元気であるというような印象を受けるが、本当の意味は少し違う。日本でも、延命のためだけの人工栄養を控えれば、寝たきり老人の数は間違いなく減る。それと同時に、平均寿命も少し短くなるだろう。しかし、意識もなく寝たきりの人々のおかげで、日本の平均寿命が世界一に押し上げられているのなら、1位は返上しても差し支えないのではないかと、私は思っている。

もう一つ、北欧が日本と決定的に違うのは、死や寿命についての議論が、不謹慎でも、反道徳でもなく、純粋に科学的になされることだ。それは死や寿命だけではなく、すべてのテーマに共通していて、移民政策についても、エネルギー政策についても、情緒は取り除かれ、議論は極めて冷静だ。

それに比して日本では、古来からの死生観や家族観が先行する。年長者を敬う気持ちは強く、死に対しては、敬虔な祈りの気持ちを持っている。それだけに、死についての議論から情緒を取り除くことを反モラルと感じやすいということもある。しかし、死を神聖化し、冷静に語れない空気ができてしまうなら、これからの超高齢社会にうまく対応できないのではないか。

理想主義の傾向の強いドイツでも、やはり死は特殊な位置にある。だから、死や生に関する議論は、スウェーデンほどクールには進まない。それどころか、ドイツ人には、ヒトラー時代に科学が倫理を押しつぶしたという苦い経験があるためか、その反省から、科学的なことを決めなければならないときでさえ、社会学者だけでなく、聖職者までが口を出す。つまり、ドイツ人の思考回路は、おそらくスウェーデンとも日本とも違っている。彼らのロマン主義が冷静な議論の邪魔をするかと思えば、遺産の話になると、突然現実主義になったりする。

私自身としては、死を極度に敵視したり、恐れたりせず、人生の終着点として、自然に受け入れられるようになりたいと思う。そのために寿命が少々短くなっても、それはそれでいいと思えるようになりたい。

ただ、今、私が考えていることと、将来、その時点に立って考えることは別物のはずなので、現在の言質に責任は取れない。今、こうしたいと思っても、あとになったら、それだけは嫌だと思う可能性も結構高い。だから、高齢者問題は難しい。

しかし、少なくとも、意識のないまま人工栄養で生き続けることに意味はないということだけは確実なので、判断力のあるうちに、延命治療を防止するための「リビング・ウイル」の措置だけはしっかりと取っておこうと思う。

そうなると、大切なのは、それまでいかに充実して生きるかということになってくる。しかし、これも下手をすると刹那的になりそうで、非常に難しい課題だ。次の章では、健康寿命について、考えてみたい。

第11章

社会保障制度に負担をかけず長生きしよう

「介護されたくない！」と思う人、思わない人

訪問介護員、いわゆるヘルパーの仕事についている高校時代の親友が、近所でひどく元気な後期高齢者に会った。自転車には乗るし、ズンズン歩ける。「お元気ですね」と言うと、毎日、鍛えているのだと、彼は胸を張った。「介護されないで済むように！」

彼女が私にその話をしたとき、私は何の反応もしなかった。すると、彼女は憤慨したように付け加えた。「こういう人が最悪なのよ！」

「え？　なんで？」

「考えてもみなさいよ。この人が介護されなければならなくなったときのことを。介護だけはされたくないと思って長年必死で頑張ってきたのに、ついに介護されるのよ。そんな不幸な人の介護ほど、やりにくいことはないわ。『介護してもらえてラッキー！』と思っている

人の方が、こっちだってどれだけ楽しいか」

はあ、そういうことか。彼女の話には一理ある。

ひょっとすると、絶対に介護されたくないと思っている人の心の中には、介護されている人を見下している気持ちがあるのかもしれない。だから、自分がそうなるのが我慢できない。

そういえば、車椅子生活になってから、絶対に外出しない人を知っている。「こんな姿でみっともない」と、いつも吐き捨てるように言う。つまり、この人は、自分が元気だった頃、車椅子に乗っている人のことをみっともないと思って見ていたに違いない。

それに気づいた途端、いったい私はどうだろうかと、慌ててわが身を振り返った。

電車に車椅子の人が乗り降りする時、構内放送から始まり、エスカレータは空けられ、補助板を抱えた駅員が素早い連携プレーで介助する。そして、「お客様、ご案内、終了」で発車。あれは凄いといつも感心する。

車椅子の人と同じ車両に乗り合わせたり、美術館で行きあったりしたときには、体が不自由でも出かけられるのだから、良い世の中になったと思う。発展途上国ではこうはいかない。道路が凸凹だし、エレベーターもない。

ドイツでは、ダンスフロアで車椅子の若者が、皆と一緒にスウィングしていたこともあった。ときどきモーター付きの車椅子で横断歩道などスイスイ渡っている人を見ると、「私が歩けなくなったらあれだ！」と思ったりもする。今でも乗りたいぐらいだ。いずれにしても、私は車椅子の助けが必要になれば、それほど抵抗はなさそうだと、少し安心。

介護される自分を許容する人は介護しやすい

友人の話は続く。

「私なんてね、お風呂の時は、『はーい、お湯はタダですからね。どんどん使っていいですよ』と言ってあげる。そんなとき、『え？　本当にいいの？』と喜んでくれるおばあちゃんなんて見ると、嬉しくなるわ。『私ばっかり悪いわねえ。あなたも一緒に入りなさい』なんて言う人もいるぐらいよ」

彼女曰く、介護の職についている人は、多かれ少なかれ、こうして喜んでもらうのがやりがいなのだ。「ありがとう」という言葉には、魔法のような威力がある。すべてがお金のためというわけではないらしい。

「当たり前。お金のためだったら、違うことをするわよ」と彼女。「とくに、私のいるところなんてかなりブラックで、いつも人が足りないのに、契約ばかり取ってくる。だから、何か突発的なことが起こると、私たちヘルパーにしわ寄せがきて、突然、帰れなくなったりするのよ。お迎えに行けと言われて行ってみたら、車は入れない、車椅子も入れられないで、立ち往生したり……。そうなると、10分で済むはずのところが、汗だくで1時間かかる。これで喜んでもらえなきゃ、やってる意味がないわ」

訪問介護となると、さらにスリリングだそうだ。自活もできず、自宅から出ることもない人のところには、最高で1日に4回、ヘルパーが通う。そして、それに100％すがって生活している高齢者が、相当数いる。

団地の4階で認知症の夫を抱えたまま、歩けなくなってしまった人もいれば、朽ち果てたような家で、テレビと万年床のあいだでどうにか生きている人もいる。そんな高齢者たちが、蜘蛛の糸にすがるように、ヘルパーの訪問を待っている。

また、たとえ頭はしっかりしていても、家事能力は、過去のどこかに置いてきてしまったような人たちも多い。何年も前から開いたままになっている本。食べ物のカスや衣類や書類と、ありとあらゆる物が積み重なっているテーブル。文字通り、足の踏み場も無くなっている空間。そして、ゴミだか何だかわからないものが、床にも、台所にも、果てしなく広がっている中で、彼らは平然と暮らしている。

「いつも行っている家なのに、ドアを開けた途端、信じられないような光景が目の前に広がることもある。床に何だかわからない液体が溢れていたり、汚物が散らばっていたり」と友人。「一瞬、何かあったということはわかるけど、それが何だかはわからない」

そこへ、マスクをして、分厚いソックスを履いて、探検隊のように踏み込んでいく。「こういう時って、いつも働かない頭が突然冴えるの。利用者はどこにいるのかとか、どの動線で、何をしながら、どこへ向かうのが一番合理的かとか、一瞬のうちにひらめく。アドレナリンがドバッと出るのよね」と友人は笑いながら、「でも、こういうのが毎日続くといやだけど」と付け加えた。

私は呆気にとられる。人手不足と低賃金という、いわば悪待遇の下で働いているヘルパーたちは、多くの高齢者にとっての命綱なのだ。

「もちろんよ。介護の現場を支えているのは、政治家でもなければ、ケアマネでもない。もちろん、家族でもない。私たちヘルパーよ」と彼女は言った。まさに戦うヘルパーだ。

しかし、その実態は、意外と知られていない。日常、私たちの目に入るのは、元気な老人ばかりだからだ。

理想の死に方

「ピンピンコロリ」のいろいろ

世の元気な老人の特徴は、まず、自分が老人だとも思っていないことだ。そして、そのうちのほとんどが、介護はなるべくされたくないと思っている。

病気にならず、人の世話にもならず、ある日ポックリ逝きたいというのは、おそらく私たちの永遠の望みなのだ。ただ、その日があまり早く来ると困るし、いつならOKとも言いにくい。だから、永遠の望みは、永遠のジレンマでもある。

つい最近、ドイツの友人のお母さんが亡くなった。早くに夫を亡くした彼女はずっと独り住まいで、80歳を過ぎてもしっかり自立。毎日必ず、身なりを整えて買い物に出かけ、ご飯を作り、家事もすべて自分でしてきた。もちろん、介護されたことは一度もない。

しかし、ある日、買い物から帰ってきて、キッチンでばたりと倒れたらしい。近所に住んでいた友人が電話をかけても出ないので見に行ったときには、すでに事切れていた。手にはパンの袋を持ったままだった。これこそ、おそらく皆の念願のポックリ死だったはずだが、ただ、こういう亡くなり方をした場合、死に場所はベッド以外のところになってしまう可能性が高いということを、私はこのとき初めて実感した。しかも、周りの者が受けるショックが甚だしい。

一番穏やかなのは、「おやすみ」と言って床に入って、そのまま永遠の眠りにつくことだろう。ドイツの祖母も、私の父もそうして亡くなった。ただ、この二人は老人ホームに入っていたので、やはり生前、それぞれ介護は受けていた。本人にとっても、周りにとっても理想的な逝き方というのは、本当に難しいと思う。

「寿命マイナス健康寿命＝ゼロ」なら介護もゼロ

元気でいられる時間を健康寿命という。「介護されたくない」と言えば、意固地に聞こえるが、「健康寿命を延ばしたい」だと、何となくしっくりくる。響きが前向きで、そうだ、それがいい、と素直に思える。

現在、どんどん増えていく高齢者と、狭き門となってしまった介護施設という問題の解決法として挙がっているのが、健康寿命を延ばすことだ。WHOも力を入れているらしい。はっきり言って、膨れ上がる介護費や医療費を抑えるには、介護を必要とする人を減らすしか方法はない。あるいは、介護を必要とする年齢を上げる。つまり、平均寿命と健康寿命の差を縮めること。

日本では、デイサービスとかデイケアという介護保険を使ったサービスがある。デイサービスは、老人ホームに入るほど重症ではないが、介護を必要とする人が日帰りで通う。お風呂や食事、また、さまざまなリクリエーションも提供される。言ってみれば、趣味と呆け防止を兼ねた老人クラブのようなものだ。要介護者がデイサービスに行ってくれている間は、家人の負担も軽減される。

一方のデイケアは、リハビリや機能訓練を受けることが目的なので、そのためのスタッフや器具も揃っている。こちらは老人のフィットネスジムのようなものか。

デイサービスにしろ、デイケアにしろ、定期的に身支度をし、出かけていくだけでも、家でゴロゴロしているよりはずっと健康的だ。人と会えば話をするし、気の合う人や嫌いな人も出てくるだろうから、人間同士の関係にも一人でいるより頭を使う。適度な緊張感は、ないよりはあったほうが良い。

要介護度を下げるのが難しい理由

とはいえ、これらはいずれも介護だ。本人はわずかな自己負担分を支払うだけで、要支援ならどちらか一つ、要介護ならデイサービスとデイケアの両方に通うことも可能なのだ。つまり、どちらに転んでも、介護保険に膨大な負担がかかるわけで、これを今後の高齢者の増加に応じて増やしていくわけにはいかない。

しかも皮肉なことに、施設側にすれば、要介護度3の高齢者を介護したほうが、要介護度2の人の介護をするよりも介護費が多く入る。つまり、リハビリやトレーニングで高齢者が元気になり、要介護度が下がれば、施設側に入るお金は減るし、高齢者自身が受けられるサービスも減る。だから、家族にも介護施設にも、介護度を下げようというモチベーションは働きにくい。

そこで、これではまずいと、介護保険制度が若干改正され、リハビリ効果で要介護度が下がった場合、施設側に功労金のようなお金が支給されることになった。しかし、実際問題としては、リハビリやトレーニングで機能が改善し、要介護度が下がるということはあまりない。高齢者はうまくいっても現状維持が関の山だ。だから、残念ながら、介護度を下げることによる介護費の削減は望めない。

元気な高齢者を増やし活用するプロジェクト

つまり、健康寿命を延ばすというのは、こういうことではなく、施設や介護保険とも無縁でいられるほど元気な高齢者を増やすということだ。それには、皆がもっと元気なうちに着手する必要がある。

つまり、同じ現状維持でも、80歳の現状を維持するのではなく、60歳でできることを70歳でも80歳でもできるよう維持することが重要だ。実際、日課としてジョギングをしている人や、定期的に泳いでいる人などは、ふと気づくと、80歳を過ぎても相も変わらず、毎日同じことをしている。これは実にすごいことだ。この偉大なマンネリこそが、健康寿命を延ばす秘訣なのである。ただ、残念ながらこういう老人は、私の友人が冒頭で述べているように、いざ、介護してもらう段になったら、困った老人になる可能性は高いかもしれないが。

ドイツでは、医療保険会社によっては、スポーツジムやスポーツクラブに通っている人に、年齢にはかかわらず、年間100ユーロ（約1万3000円）程度の補助を出してくれるところがある。定期的にスポーツをしている人は、おそらく何もしていない人より、のちのち病気になる確率が低いから、年間100ユーロで加入者をスポーツに誘導できれば、将来の医療費が節約できて、採算が合うという考えだろう。ドイツの医療費はとても高いので、保険会社にとって予防のメリットは大きい。

増加する活動的高齢者をよりよく導く施策とは

最近、ドイツと日本の間を飛ぶと、定年退職後と思われる旅行者がすごく多い。昔は、若い人の団体をよく見かけたが、いつの間にか旅行者の年齢層が画期的に変化した。健康寿命は確実に延びつつある。

自分の周りを見ても、まさにその現象が起こり始めているらしく、ここ数年、毎年、さまざまな友人たちが、しょっちゅう日本から遊びに来る。これまでは、仕事があったり、子供に手がかかったりで、海外旅行などしている暇がなかったのに、今は、暇だけでなく、お金も自由になる。だから、体の元気なうちに海外旅行を、という結論になるらしい。

海外旅行に大いなる興味を持った最初のシニアは、団塊の世代の人たちだった。戦後まもなく生まれ、復興期に育ち、成人してからは高度成長を謳歌した世代だ。価値観の転換を経験しているからか、古いものを敬遠する。年を取っても温泉旅行ではなく、トレッキングやコンサート、SNS発信など、個性とスタイルにこだわる。経済的にも恵まれている。生涯現役がモットー。旅行会社が、これに目をつけないわけはなく、だから、ヨーロッパ便が混む。

東京都町田市では、これら元気な退職者の労働力を、介護施設に誘導しようという試みがある。名付けて「アクティブシニア介護人材バンク事業」。介護を元気な高齢者にも手伝ってもらおうというアイデアだ。ドイツでも同じような制度はあって、ドイツの母がまだ元気だった頃、すでに70歳を過ぎていたが、週に一度、老人ホームのお茶の時間の手伝いをしていた。

ただ、町田市の「アクティブシニア」のアイデアが、ドイツのそれと決定的に違うのは、基本的にボランティアではないこと。通常の就労と同じく、少なくとも、法定の最低賃金の時給は支払われる。それが、たとえささやかな額であっても、貰えば貰ったで嬉しいし、やりがいも違ってくるだろうというのが狙いだ。

仕事の内容は、居室の清掃、調理場の補佐、運転などで、身体的な介護業務は含まれない。介護が必要な人たちと直接関わりたいと思って来た人は、提示された仕事内容と、想像していた仕事が一致せず、がっかりすることも多いという。しかし、何らかの役割を背負ってそれなりに動いていれば、確かにこの人たち自身が介護の世話になるまでだいぶ時間も稼げる。施設の人手不足も少しは緩和できる。この制度は、諦めずに、まだまだ吟味する価値はあるだろう。

町田市では、「町トレ」という活動も盛んだ。これは、高齢者を対象にした町田市オリジナルの体操で、「ストレッチ」と「筋力トレーニング」を合わせた30分のプログラム。ゆっくりとした動きながらも、少し汗ばむぐらいの適度な運動だという。「町トレ」は原則、自主運営なので、有志が集まり、自分たちの地域でもやろうということになると、最初の３回ほど市から指導員が来て、体操の仕方を指導、サポートしてくれる。

「町トレ」で足腰を鍛えれば、転倒の防止にも繋がり、健康寿命の延長も望める。しかも、近所のコミュニケーションが形成されるため、みなで助け合ったり、見守ったりといった地域交流の活発化が期待できるのがミソだ。

そのほか、町内会といった小さな単位で高齢者有志が互助会を組織し、一回500円で、困った時の手助けをするという「ワンコインサービス」活動を立ち上げたところもある。たとえば、電球を取り換えられないとき、そこに電話をすれば誰か元気な高齢者が来てくれる。電球を換えた後、そのままお茶を飲んで話をしたら、これもまた近所のコミュニケーション増強に役立つ。昔は自然にあった近所づきあいは、今では意識的に作っていかなければならない。

平均寿命と健康寿命の差は10年弱

ここ数年、健康寿命の世界一を争っているのは、シンガポールと日本だ。平均寿命と違い、平均健康寿命の方は、どこの時点までを健康とするか、基準が各国できれいに統一されていないという不都合はあるが、しかし、たいてい平均寿命の長い国は、健康寿命も長い。

ちなみに2016年に最高の平均寿命国となったのは日本で堂々84・2年（WHOの世界保健統計の資料、以下も同様）。健康寿命は2位で74・8年。平均寿命マイナス健康寿命、つまり、健康でなくなってから亡くなるまでの時間は、9・4年。ドイツ人の平均寿命は81・

0歳で、健康寿命71・6歳。その差は、奇しくも日本と同じく、やはり9・4年だった。

一方、アフリカなど発展途上国では子供の死亡率が高いためか、平均寿命がまだ50歳代の国もある。一番短いのが、レソトの52・9歳、それに中央アフリカ共和国の53・0歳、シエラレオネの53・1歳が続く。

いずれにしても、先進国では、少々病気になってもそう簡単に寿命は尽きない。60歳で狭心症になっても、冠動脈の細くなった部分を広げる手術は、カテーテルを使えば、比較的簡単にできる。これで大概の人は、再び登山ができるほど元気になるが、本人はやはり、昔なら自分はもう死んでいたのだと神妙な気分になり、これまでの食生活や生活習慣を改め、以前よりさらに健康になる。

しかし、健康になるということは、いずれまた病気にかかるチャンスが芽生えるということで、案の定、70歳ぐらいで、今度は血糖値が上がったり、あるいは、尿酸値やらコレステロール値に異常が出たりするが、それも良い薬で抑えられれば大事には至らない。こうして数年すぎると、検査で前立腺がんが見つかるかもしれないが、このときには、おそらく、もう高齢なので手術はせずに様子を見ましょうということになる。そして、様子を見ているうちに、たいした問題もなく、傘寿も米寿も突破というようなケースは、それほど珍しくない。

だから、結局、これからの課題は、高齢者本人にとっては、この延長された晩年をいかに満足して過ごすか。そして、社会にとっては、社会保障の質を落とさず、高齢者の介護費をいかに低く抑えるかということに尽きる。

やるべき社会保障改革を妨害する人たち

社会保障は万人が必要だと思っているにもかかわらず、いざ、合意形成となると、これほどまとまらない話はない。これについては、香取照幸氏が著書『教養としての社会保障』で展開されている説明が非常に明快だった。元厚生労働省の官僚であった氏は、マクロとミクロという言葉を使って、その難しさを説明する。

現在、人口構成や経済成長、あるいは家族構成が一昔前とは大幅に変わってしまった。「全体の構図を見ると、今や小手先やその場しのぎの改善改革では追いつかない、社会保障全体の組み立てを見直さないといけないというところまで事態は進んでいる」（同書）。そこで政治家は、「社会的なコストはなるべく小さくし、サービスはなるべく充実させるという、相反することの最適解を求め」（同書）なければならない。

「制度を設計する立場からすると、マクロの視点で、人口や経済の規模に合わせて制度を手直しするということになりますが、……給付を受ける立場からすると、人口が減ったからって何で私の年金が減らされなきゃいけないの。保険料はちゃんと払ってきたんだから、ちゃんと払ってよ……となりますから、合意形成に非常な困難が伴うことになるわけです」(同書)。

年金は、このままでは破綻する。それは皆わかっている。それはわかっていても、自分の親の年金は、潤沢に払ってもらいたいし、ましてや、自分の代から減らされるなど真っ平御免だ。政治の役目は、国民のそのミクロな願いを、いかに説得して抑え、マクロの利益を実現していくかだ。制度改革の必須条件は、その政策によって、一部の国民が利益を得るのではなく、国全体が豊かになるということ。国益は、国民一人一人の利益の総計だ。ちなみに、この難しさは社会保障だけでなく、すべての政策に関して言えることだろう。

香取氏の著書の醍醐味は、なんといっても次の一節だ。

「残念ながら、難しい改革には必ず改革の足を引っ張る人たちが登場します。財源はある、負担増なしでも給付拡充できる、とか、行革で無駄を省くのが先だ、とか、社会保障が上手くいっていないのは役人が無駄遣いをしているからだ、などと、声高に甘言を弄します。もちろん行革も大事だし行政の無駄の是正も大事ですが、それで社会保障の難題が解決できるわけではありません。しかし、そのような輩が、ただでさえ実行が困難な改革の足を引っ張ります」(同書)。

確かに、与党が何か改革を提案するとき、必ず「弱者切り捨て」という言葉を使ってそれを非難する党やグループが現れる。そして、「国民の側に立った〝さらにより良い〟政策」を提案する。その後ろにあるのは、次期選挙。どこの世界でも同様だ。

2018年8月、ドイツでもそれが起こった。

ドイツ内閣は2017年の総選挙の後、CDU／CSU（キリスト教民主同盟／キリスト教社会同盟）とSPD（社会民主党）のいわゆる大連立となった。なぜ、「いわゆる大連立」かといえば、どちらの陣営もここのところ急速に国民の支持を失っており、現在の支持率で計算すれば、この連立政権は、とっくの昔に過半数を割ってしまっているからだ。

中でもSPDの落ち込み方はひどい。かつて国民政党といわれ、ドイツの政党の中で最長の歴史を誇る同党は、ヴィリー・ブラントやヘルムート・シュミットなど有名な政治家を輩出してきたものの、今では、新興右派であるAfD（ドイツのための選択肢）や、左派である緑の党に追い上げられ、第2党の地位さえすでに崩れた。

2017年の総選挙のあと、ドイツは組閣ができず、ようやく政権が成立したのはほぼ半年後の2018年3月だったが、そのときの共同施政方針に、年金の安定化というのがあった。それによれば、政府は2025年までという期限で、国民に次の2項を保証する意向だ。①年金の給付額が最終賃金の48%を割らない（ただし、平均所得者が45年勤続した場合）、②

年金の保険料率は収入の20％を超えない。ちなみに２０１８年1月、保険料率は若干値下げされ、給与の18・6％。現在、被用者は、その半分である９・３％を支払っている。

ところが、落ち目のＳＰＤが擁立したオーラフ・ショルツ財相が、突然、8月になって、この保証を２０４０年まで延長するべきと言い出した。その提案が、ＳＰＤ内部でどこまで支持されているかは不明だが、連立与党のＣＤＵは同意していない。野党ＦＤＰ（自由民主党）は、「無責任」「溺れるものは藁をも摑む的な提案」と一刀両断。確かに、ＳＰＤはこれで国民の支持を取り戻し、翌々月（10月）に控えたバイエルン州選挙を乗り切りたいという魂胆が丸見えだった。これこそ、香取氏のいうポピュリズムの典型ではないか。ちなみに州選挙の結果、ＳＰＤは第5党に凋落した。

「保険」から「福祉」への転換で若者の負担減を

香取氏は同書の中で、年金、あるいは介護保険に関して、踏み込んだ提案をしている。負担と給付の見直しだ。

「高齢者であっても負担能力のある人は能力に応じて費用を負担する制度に改革しなければ、制度は持続できません。高齢高所得者の医療費の現役並み負担や介護保険の費用負担見直し

は不可避です」(同書)

氏によれば、「日本の高齢者の貯蓄水準は過剰」なのである。貯蓄は「高齢者層の中でも特定の富裕層に集中している。しかもそのお金が動いていない」。「でも、若い世代にはほとんど貯蓄はありません」(カギカッコ内いずれも同書)。

介護保険の費用負担見直しというのは、介護にかかる費用を、介護保険で手当てするのか、つまり保険料を納めた人は誰でも要介護になったら給付を受けられるようにするのか、あるいは、福祉でやるのかということだ。福祉でやるなら、経済的に余裕のある人には自己負担させて、困った人だけを助ける方向に変えられる。

「高齢者であれば、本人の所得に関係なく支援の対象になる、という考え方は、そもそも総人口に占める高齢者の割合が大きくなっていること、経済社会を支えている現役世代の負担が大きくなっていること、高齢者にも高額所得者や大きな蓄えがある人が少なくないなどの現状を踏まえると、もはや時代にそぐわなくなっているのではないでしょうか。社会保障に関しても、高齢者だからという理由だけで優遇するという考えから、高齢者であっても所得や資産に応じて負担するという考えにシフトしていくべきです。このことは別の見方をすれば、所得の低い高齢者への支援を若者世代に頼るのではなく、できる限り同じ高齢世代の中の再分配でカバーする、ということでもあります」「必要なサービスは保証されなければなりませんが、サービスを保証するということとその費用を誰がどう負担するかは別の問題です。家事援助サービスは高所得者に対しては相応の負担を求めるべきです」（同書）

ここまで言えるのは、やはり、氏がすでに現役の官僚ではなく、また、政治家のように票を気にする必要もないからだろう。

現在の問題は、いうまでもなく、高齢者が増え、就労者が減ったことだ。高齢者が増えたのは高齢者の責任ではないが、それを支えるべき若い人たちが少ないのも、若い人たちの責任ではない。だから、高齢者が、昔、約束されていたほどの年金が受けられないから不公平だと文句を言うのは筋が通らない。あえて言うなら、少子化の原因は、現在の高齢者が子供をたくさん作らず、その子供が、さらに子供を作らなかったからともいえる。いわば時代の趨勢で、今の若者にはまったく罪はない。

なのに、年金制度や介護制度の改革を行おうとしたとき、「長年、働いてきた人を切り捨てるのか」と煽って批判する人たちがいる。これはもってのほかだ。制度の改正は、変化した状況に適応させるために行うもので、敬老の精神とは切り離して考えるべきだろう。

いずれにしても、日本では、年金にしろ、医療費にしろ、介護費にしろ、支援が高齢者のところに集中してしまっている。それに比べて、これから働き、子供を作り、しかも、高齢者を支えていかなければならない若い世代が、貧しい。支援すべきは、まずは若者だ。特養で高齢者のおむつ代を無料にするなら、赤ちゃんの紙おむつも無料にしてほしい。若者を粗末にしては、国はだんだん弱体化していき、老人も子供も、全員が貧しくなってしまう。

健康保険組合は高齢者医療で赤字続き

２０１８年9月21日、日本でショックな報道があった。「人材派遣健康保険組合」が、翌年4月1日付での解散を決めたのだ。これは、派遣会社の従業員を対象にした「組合健保」で、社員と家族合わせて約51万人が加入している。加盟者の数では国内第2位だった。

しかし、企業と従業員が半分ずつ払う保険料の合計が、給与の9・7％まで上昇してしまった。しかも、このままいくと、近い将来さらに上がることは確実だ。

そこで解散して、加入者をそっくり中小企業の従業員が入っている全国健康保険協会「協会けんぽ」に移すことにした。協会けんぽの保険料率は、２０１８年現在平均10％だ。

それだけではない。実は、生協の従業員が加入する組合健保である「日生協健康保険組合」も、やはり２０１９年4月の解散が決まっている。こちらは加入者数16・4万人で、保険料率は10・7％。すでに「協会けんぽ」のそれを上回っている。やはり加盟者は4月から「協会けんぽ」に移ることになるという。

「協会けんぽ」と「組合健保」はどう違うのか？　「協会けんぽ」というのは、全国健康保険協会という団体が運営しており、すべての一般企業が加入できる。現在の加入企業数、約２０７万社だ。

一方、「組合健保」は７００人以上の従業員を持つ企業が独自に作るか、合計の従業員数が３０００人以上となる複数の会社が共同で設立することができる。つまり大企業、あるいは、グループ会社が設立した組合が多い。本来なら、「協会けんぽ」よりも良い条件で運営できるはずだ。現在の組合健保の数は合計約１４００で、約10万社が加入している。

ところが、今回解散を決めた健保は、どちらも「組合健保」なのに、揃って大赤字。「協会けんぽ」や「組合健保」は、高齢者や失業者などがすべて加入している国民健康保険とは違って、収入のある人たちの組合保険だ。これらが大赤字になるというのは、はっきり言っておかしい。とくに組合健保は、大企業の健保も多く、これまでは、保険料率が低めで、しかも、協会けんぽよりずっと良いサービスを提供できた。間違っても赤字になるはずなどなかったのだ。

にもかかわらず、どこも保険料がどんどん上がり、２０１７年度には赤字の組合が7割以上までになっている。その挙句、２０１７年度だけでも、解散が9件、合併消滅が４件。一年で組合健保の約１％が消えてしまった。

なぜ？　2018年度の保険金支出（予算の集計値）の内訳をみると、保険給付金、つまり、医療に支払っている額は50・6%しかない。本来なら、事業費や経費、あるいは加入者の健康管理に充てる費用を差し引いても、収支は十分に成り立つ。それどころか大黒字で、値上げさえ必要なかったはずだ。

ところが、実際はどうなっているかというと、ここに41・8%にも上る拠出金が負い被さっている。高齢者医療のための拠出金である。

高齢者の医療費の半分は、現役世代が保険料で支払っていることはすでに書いたが、組合健保の支出も、その4割以上が高齢者医療のために使われているのである。

そして今、組合健保は、急激に増加するこの負担に耐えられなくなり、これではやっていけないと、多くが雪崩を打って「協会けんぽ」に移り始めた。高齢者の数はこれから急増するのだから、拠出金は将来も、増えこそすれ、減ることはない。保険料率が給与の10%を超える組合は、協会けんぽに移行すれば、労使ともに負担が減る。

では、「協会けんぽ」は赤字にはならないのか？　そんなはずはない。こちらも、支出の4割を高齢者医療への拠出金に持って行かれている点は同じだ。それどころか、零細企業も加盟している健保だから、組合健保よりもさらに経営は苦しい。

ただ、「協会けんぽ」には国からの補助が出ている。だから、保険料率が天井知らずにはならないだろうと見られているが、もちろん、将来の保証はない。

ちなみに、厚生労働省によれば、2019年度から、前記の2つの組合健保の加入者が「協会けんぽ」へ移ることで、国から協会けんぽに支払われる補助金は、120億円程度も増えるという。その原資は税金だ。この話を聞いて、戦慄を覚えない人はいるのだろうか？

年をとっても若者を優先する気持ちを持ちたい

日本では、たいした症状でもないのに病院へ行く人が減らないのは、安いからということもあるが、それが可能だからだ。何度でも、好きなときに病院に行けて、しかも、その患者を診察した病院にお金の落ちる制度がある限り、この状態は変わらないだろう。

しかし、それで良いはずがない。若い人たちの負担が刻一刻と増え続けていく様子を見ながら、私たちだけが「逃げ切れば」いいわけがない。ホームドクター制度のあるドイツでは、3ヵ月ごとに診療報酬の点数が計算されるが、同じ患者がその3ヵ月の間に何度も来ても、医師側には2回目以降はお金が落ちない仕組みになっている。だから、余計な診療はなされない。しかも、完全予約制なので、患者としては、最初の予約さえ取れずイライラすることも多いのだが、冷静に考えれば、日本もこの点だけは見習って、無制限の医者通いにはきっちりと制限をかけるべきだと思う。

「国があなたのために何をしてくれるのかを問うのではなく、あなたが国のために何をなすことができるのかを問うて欲しい」と言ったのは、ジョン・F・ケネディだ。

私は、国のために何ら大それたことはできないが、しかし、「貰えるものは何でも貰う」という態度を取らないよう心したいと思う。また、なるべく健康に留意し、病気の予防にも努めたい。自分でご飯が食べられなくなったら、延命措置も要らない。

そして万が一、大災害が起こり、陸の孤島に取り残され、順々にヘリコプターで脱出するような事態に遭遇したら、「老人は後回しで結構です」と言いたいと思う。国土の復興に役立つのは、老人ではなく若い人だ。

ただ、一抹の不安は、後々、私が国民病である認知症に罹患したなら、ここに書いたのとは違う行動に出る可能性があることだ。

年をとるということは、なかなか難しい。ドイツで老後を過ごすか、日本で老後を過ごすか。結局、今もわからない。

あとがき――皆保険を実現した知恵と実行力を再び！

本書を書き始めて、介護や高齢者医療にずいぶんのめり込んでしまった。執筆していて難しかったのは、ドイツでも日本でも、「高齢者は」とひとくくりにできないことだ。入居費1億円の老人ホームに入れるほどの資産を持っている高齢者もいれば、わずかな年金で爪に火をともすような晩年を送っている高齢者もいる。また、元気な高齢者もいれば、病気がちの高齢者もいる。いずれにしても、どんどん高齢者が増えていく。

日本には、外国では介護も医療も、日本と比べてうまくいっていると思いこんでいる人が多い。しかし、そんなうまい話はない。それどころか私は、日本の医療の皆保険制度こそ世界に誇れるものだと思っている。

近代の保険制度の源は、ドイツ帝国の宰相であったビスマルクが作ったと言われる。ドイツ帝国建国の影の中心人物であったビスマルクは、建国後も社会主義者たちの抵抗に悩まされていた。そこで、弾圧だけでは収拾がつかないことに気づき、「飴と鞭政策」を開始する。

「鞭」である社会主義者鎮圧法を中和させるために作った「飴」の一つが、社会保障制度だった。ただ、当時の男性の平均寿命が44・8歳だったのに、年金の支給は70歳からなどと、まだまだ欠陥も多かったようだが、それでも、疾病、労災、廃疾、老齢に対しての保障というアイデアは、実に斬新なものだった。

日本でも、公的医療保険には、やはり試行錯誤の長い歴史がある。明治時代の医療保険は、加入は任意で、給付金額や保険料もまちまち。お金のない人は保険には入れず、しかも、自費診療に慣れた医者は、お金を取れない貧しい人の保険診療などには、まるで興味がなかった。それどころか、国民医療保険を提言するような医者には、社会主義者のレッテルを貼られた。貧しいが故に失われる命が多い時代だった。

健康保険法が制定されたのは1922年、大正時代のことだ。給付金や保険料の規定もできた。しかし、まだ、もちろん皆保険には程遠い。

ところが戦後、GHQによって以前の組織の解体が始まり、ついに1961年、皆保険制度ができた。まだ貧しかったはずの日本だが、政治家も官僚も、志は高かった。アメリカが今もってできない素晴らしい制度が、すでに50年以上も前の日本で達成されたのである。

その後、1973年、高齢者を対象とした老人医療費支給制度がそれに加わった。70歳以上の高齢者の医療費が無料になったため、8年で高齢者医療費が4倍以上に膨れ上がった。

慌てて引き戻し、1983年からは老人保険制度に移行し、2008年からは後期高齢者医療制度となって、高齢者も医療費を負担しているが、しかし、なおも、接骨院や整形外科などは老人の社交場の雰囲気が消えない。

医療保険がここまで焦げ付いている今、医療は、治療の効果の出る人を優先すべきだし、また、高齢者は1割、2割と言わず、支払い能力に応じて、若い人の分まで負担すべきではないか。そして、同時に、不要な医者通いも厳重に制限する。そのためには、無駄な診療や投薬では、医者に儲けが出ないシステムを作ることが必須だろう。

超高齢社会の運営には、魔法のような解決策はない。ただ、日本はかつて、貧しい中で平等な医療保険制度を作りあげ、今もなお高い医療水準を保っている。こんな奇跡のような事績を成し遂げたことを思えば、今後、日本が編み出す高齢化対策が、世界のお手本になっていく可能性はあるかもしれない。

高齢化というテーマが難しすぎて、本書の脱稿が延び延びになっていたが、いま、ようやく完成にこぎつけられたのは、貴重なお話を聞かせてくださった多くの方々と、常に冷静で適切なアドバイスをくださった草思社の久保田創氏のおかげだ。取材させていただいた皆様には、お名前は挙げられないが、心から感謝している。

その昔、小学生だった私にとっての21世紀というのは、鉄腕アトムの世界だった。そんな

「未来」に自分が生きているだろうとは想像もできなかったが、いまや、すでに21世紀も18年目。私はまだ生きているし、世界はその昔に思ったほど輝かしくはない。すべては想定外だ。

そんなわけで、本書の中身には、いまなお考えの浅いところは多々あると思うが、迫り来る高齢化という前線で、一番効果的な防衛ができるのは私たち、つまり、還暦を過ぎたけれど、まだまだ元気という高齢者予備軍だと思う。

実際に、高齢者予備軍が私欲を捨てれば、速やかに片付く問題はけっこう多い。この歳になったのだ。欲を捨てることぐらいお茶の子さいさいという気がしている。それで少し世の役に立って死ねれば、これ幸いだ。

そうすれば、迫り来る高齢化前線は、大雨はもたらすかもしれないけれど、国家を再起不能にすることはないだろうと思うのだが、はたして楽観的すぎるだろうか。

都心にて、雲の合間の月を見ながら

川口マーン惠美

亡き父に捧げる

著者略歴――
川口マーン惠美　かわぐち・まーん・えみ
作家。ドイツ在住。日本大学芸術学部音楽学科ピアノ科卒業。シュトゥットガルト国立音楽大学院ピアノ科修了。『ドイツの脱原発がよくわかる本　日本が見習ってはいけない理由』（草思社）が第36回エネルギーフォーラム賞の普及啓発賞、『復興の日本人論　誰も書かなかった福島』（グッドブックス）が第38回同賞の特別賞を受賞。その他、『住んでみたドイツ 8勝2敗で日本の勝ち』（講談社＋α新書）、『ヨーロッパから民主主義が消える』（PHP新書）、『そしてドイツは理想を見失った』（角川新書）、『ドイツ流、日本流』、『脱原発の罠』（以上、草思社文庫）など著書多数。2011年より、ウェブマガジン『現代ビジネス』にてコラム『シュトゥットガルト通信』を連載中（毎週金曜日　更新）。

老後の誤算　日本とドイツ

2018年11月22日　第1刷発行

著　者　川口マーン惠美
装幀者　Malpu Design（宮崎萌美）
発行者　藤田　博
発行所　株式会社 草思社
〒160-0022　東京都新宿区新宿1-10-1
電話　営業 03（4580）7676　編集 03（4580）7680

本文組版　株式会社 キャップス
本文印刷　株式会社 三陽社
付物印刷　株式会社 暁印刷
製本所　大口製本印刷 株式会社

ISBN978-4-7942-2361-6 Printed in Japan　検印省略